分断と排除の時代を生きる

共謀罪成立後の日本、トランプ政権とアメリカの福音派

中村 敏［著］

いのちのことば社

まえがき

今年（二〇一八年）は、ちょうど一〇〇年前に第一次世界大戦が終わった年です。東欧のボスニア・ヘルツェゴヴィナの首都サラエボで起きた、セルビアの民族主義者の一青年によるオーストリアの皇太子夫妻殺害という局地的な事件が、やがてヨーロッパ全土、そして世界をも巻き込む未曾有《みぞう》の大戦争となり、一〇〇〇万人余の命が失われ、ヨーロッパの多くが廃墟と化しました。

第一次世界大戦は別名「欧州大戦」とも呼ばれ、日本にとっては地理的に遠く離れており、直接の利害関係のない戦争でした。しかし日本は当時イギリスと同盟を結んでいたため、集団的安全保障の行使を名目としてこの戦争に参戦しました。同盟関係は集団的安全保障のための手段ですが、これが戦争に巻き込まれる原因になることは、歴史上しばしば見られることです。

現在日本は、二〇世紀、二一世紀における世界の戦争や軍事紛争のほとんどに参戦してきたアメリカと強固な同盟関係を結んでいます。そして二〇一五年の安全保障関連法の制定により、集団的自衛権の行使が可能になり、事実上、戦争のできる普通の国家の仲間入りを果たしました。

戦後再び第一次世界大戦のような大戦争が起きないようにと、パリのベルサイユ宮殿で講和会議が開催され、その後、国際連盟が設立されました。しかしベルサイユ条約では、戦争責任は敗戦国のドイツに帰せられました。つまり、勝者による一方的な裁きによって戦後処理がなされたことが、その約二十年後にはさらに大規模な第二次世界大戦に突入していくことにつながったのです。あえて言うなら、第一次世界大戦の終結は第二次世界大戦への道のりの始まりでした。

第二次世界大戦後七十三年を経た今日、世界全体をも巻き込みかねない戦争の脅威の足音が、再び強く響いています。今なお続く中東での軍事的衝突やその可能性、北朝鮮情勢をめぐる極東アジアの緊張は、より大規模な戦争に至る一触即発の危険を常にはらんでいます。そして、私たちの国日本もその圏外にいることは決してできません。

私は、二〇一六年八月にいのちのことば社より、『揺れ動く時代におけるキリスト者の使命――日本はどこへ行き、私たちはどこに立つのか？』を出版しました。安倍政権下において、特定秘密保護法の制定、集団的自衛権の行使容認、そして安全保障関連法の法制化と、どんどん日本が戦争のできる普通の国をめざして進み、社会も右傾化していることに警鐘を鳴らしたものでした。その中で、一九三〇年代の日本が満州事変から日中事変、そして太平洋戦争へと突き進んでいった歴史と昨今の歩みとを重ね合わせながら論じました。

今回は、それ以降の日本内外の情勢の分析や考察を踏まえ、いっそうの戦争への危機意識とともに執筆をしました。この時以降、特筆すべき出来事としては、二〇一六年五月に盗聴法（犯罪捜査のための通信傍受に関する法律）が改定され、二〇一七年六月に共謀罪法（テロ等組織犯罪処罰法）が強行可決され、国民に対する国家の統制・監視化がさらに進みました。この年の一〇月の衆議院総選挙に勝利した安倍政権は、悲願の憲法改定、特に要の九条の改定に本腰を入れています。改憲勢力は衆参両院で三分の二以上を占め、国会による発議そして国民投票も現実のこととなってきています。国民投票となれば、そのマスコミ宣伝を規制する法はなく、資金や権力を有する与党側に圧倒的に有利となります。現在安倍政権は、森友・加計問題で大きく揺さぶられていますが、たとえ政権に何らかの変化が見られたとしても、こうした基本的な趨勢は変わらないと考えられます。

一方、アメリカでは、当初泡沫候補と目されていた共和党のトランプ候補が、二〇一六年一一月に大統領選挙を制し、二〇一七年一月二〇日に大統領に就任しました。トランプ大統領は「アメリカ・ファースト」を金看板に掲げ、それまでのオバマ政権の政策の多くを覆し、結果として対立と分断を招く政策を国の内外で押し進めています。昨年の一二月には、エルサレムをイスラエルの首都と認め、アメリカ大使館をエルサレムに移転することを宣言し、パレスチナ自治政府やアラブ諸国をはじめ、多くの国々からの批判や懸念・衝突を招いています。もしアメリカ政府の発表どおり、今年の五月にアメリカ大使館をエルサレムに移すなら、もはやアメリカの仲介による中東和平は絶望的になり、今まで以上に衝突が激しくなると思われます。

そして北朝鮮の核やミサイル開発は、アメリカや日本をはじめとする諸国の厳しい経済制裁圧力にもかかわらず、急速に進み、極東アジア地域のみならず世界の大きな脅威となっています。これに対するアメリカの戦争瀬戸際政策が続き、まさに一触即発の緊張状態が続いています。たとえ米朝の首脳会談が実現したとしても、その行方はまだまだ予断を許しません。このように考えるとき、日本を含む世界は、第二次大戦後かつてない大規模な戦争の脅威に直面しているといわざるを得ません。

二〇一八年一月二五日、アメリカの科学雑誌「ブレティン・オブ・ジ・アトミック・サイエンティスツ」（原子力科学者会報）は、地球の破滅による人類最後の時までの残り時間を比喩的に示す「終末時計」が前年度より三〇秒進み、過去最短の一九五三年と並ぶ、残り「二分」となったことを発表しました。欧米の科学者たちの論議に基づき、この科学誌は北朝鮮の核やミサイル開発が加速していることと、トランプ大統領の政策の「予測不可能性」による核戦争への懸念の高まりをその理由としています。

さらには、トランプ大統領がパリ協定からの離脱を表明し、地球温暖化対策が停滞することや、アメリカ第一主義を掲げるトランプ政権の登場でこれまでの国際秩序が崩れ、外交交渉が進まないことも理由に挙げられます。こうした世界情勢を見るときに、イエス・キリストが受難週にオリーブ山で語られた再臨の前兆の予言の多くが実現しており、まさに世の終末時代を迎えていることを痛感します。本書は、こうした二一世紀の今日的状況を踏まえながら、戦争と平和の問題を取り上げたものです。

本書は三部構成から成り、第一部は共謀罪成立後の日本の状況をまとめています。その際、戦前の治安維持法と戦後の共謀罪との共通点を結びつけて歴史的に考察しています。第二部は、アメリカのトランプ政権についてまとめています。こうした政権がなぜ誕生したのか、それは何をめざしているのか、そしてアメリカの福音派を含む宗教右派と呼ばれる人々が、なぜトランプ政権を支持するのかについて考察しています。第三部ではこうした現代の状況を踏まえながら、聖書が教え、私たちのめざす平和についての説教を二つ掲載しています。

本書を読まれる方々が、めまぐるしく揺れ動く、今の日本や世界の状況を見つめ直し、どう考え、どのように行動するか、ということの手掛かりとなることを切に願う次第です。

目次

第二部　トランプ大統領のアメリカと私たち

第一部　共謀罪（現代の治安維持法）成立後の日本と私たち
――戦前のホーリネス弾圧事件の今日的教訓と警告

はじめに

私は二〇一六年八月に『揺れ動く時代におけるキリスト者の使命――日本はどこへ行き、私たちはどこに立つのか？』という本を出版し、そのまえがきで次のように書きました。

「今、日本は戦後の歴史のなかで最も大きな岐路に立っています。一九四五年八月十五日、日本は侵略戦争の結果としての未曾有の敗戦を経験しました。そこから七十一年間、世界に類を見ない、戦争放棄を宣言した新憲法のもと、何とかここまで日本は戦争を仕掛けず、また戦争に巻き込まれずに歩んでくることができました。

しかし近年、日本は教育、マスコミ、治安等社会秩序をめぐる問題において、どんどん個人の権利や自由が制限され、代わりに国家の権限が強化されつつあります。とりわけ安倍政権のもとでこの傾向はいっそう顕著になり、二〇一五年ついに安保関連法が成立し、自衛隊の海外派兵が拡大されることになりました。まさに日本は戦争をできない国から、戦争のできる〝普通の国〟へと大転換しつつあるのです」（三頁）。

それから二年近く経ち、日本と世界を取り巻く情勢は、さらに大きく揺れ動き、対立や混乱が激しくなっています。イラクやアフガニスタン、シリアの内戦はやまず、世界中でテロや暴力事件が頻発し、北朝鮮情勢は一触即発の状態が続き、戦争への足音がどんどん近づいています。イエス・キリストは、約二千年前エルサレム郊外のオリーブ山で、世の終わりとキリストの再臨の前兆について弟子たちに語りました。その前兆として、偽預言者・偽救世主の出現、戦争とそのうわさ、民族同士や国家間の争い、地震や飢饉、天変地異、そして不法がはびこり、多くの人々の愛が冷えることが予言されています（新約聖書・マタイの福音書二四章四～一二節）。

まさにこれらの予言のほとんどが実現している時代に、今私たちは生きています。だから「人に惑わされないように」、「気をつけて、目を覚ましていなさい」との警告は現在の私たちに向けられたものと言えます。

牧師として信教の自由のために発言してきた井戸垣彰は、その著『日本の教会はどこへ』（いのちのことば社、一九九二年）の中で、次のように警告しています。

「国家による悪は、今日突然来るのではないことは、過去の事実からわかる。じわじわと既成事実が重ねられていく。法制化の前に事実が先行する。……今、日本には立派な憲法がある、といって安心してはならない。国家による悪は、常に合法性の装いをとる。現行憲法に従っているような装いをして、悪が行われる道はいくらでもある。法は、権力を制限する役割を果たすのではなく、権力を正当化する道具として用いられる。そして権力自体は無制限となる。だから、『神の国』のためと同時に、『カイザルの国』のためにも、目を覚ましている者がどうしても必要なのである」（二一三頁）。

このように彼は、「神の国のため」、すなわち信仰と結びつく霊的領域だけではなく、「カイザル（カエサル）の国」のためにも、国家や社会の領域にも私たちが絶えず目を覚まし、人々に警鐘を鳴らす見張り人としての役割を果たしていくべきことを強く勧めています。この警告は、二十六年前になされたものですが、今の私たちにいっそう強く迫るものです。

1　治安維持法と共謀罪法（テロ等組織犯罪処罰法）についての歴史的考察

二〇一七年六月一五日に参議院で強行可決され、成立した共謀罪法（テロ等組織犯罪処罰法）は、「現代の治安維持法」と言われています。戦前、その成立以来二回にわたって改定された治安維持法は、当初の標的であった共産主義者や無政府主義者だけでなく、戦争に代表される国策や天皇制に基づく国家体制に反対するすべての団体や個人をも弾圧する恐るべき悪法となりました。その矛先はキリスト教や他の宗教団体にも及び、一九四二年ホーリネス系諸教会は、この治安維持法（改正治安維持法）によって弾圧され、多くの犠牲者を出しました。

ここでは、戦前の治安維持法と今日の共謀罪法の共通点を、年表を追いながら、歴史的背景とともに考察したいと思います。その際、「日本は言論弾圧国家になっています。国が危うくなっていくとき、必ず起こる現象があります。それは情報統制です。情報操作です」という、元外交官でジャーナリストの孫崎享が近著の『21世紀の戦争と平和』（徳間書店、二〇一六年）でなした指摘を念頭に置いて見ていきたいと思います（同書、二一一頁）。

〈戦前篇〉

一九二五（大正一四）年四月　治安維持法公布

この年に、政府によって「治安維持法」が公布されました。その第一条に、「国体ヲ変革シ又ハ私有財産制度ヲ否認スルコトヲ目的トシテ結社ヲ組織シ又ハ情ヲ知リテ之ニ加入シタル者ハ十年以下ノ懲役又ハ禁錮ニ処ス」に明らかなように、この法律は共産主義者や無政府主義者に対する弾圧立法でした。この法の成立の理由としては、以下の三つの要因が指摘されています。

①一九二三年九月の関東大震災後起きた暴動による民心不安の鎮静と治安維持のため、緊急勅令が公布されました。この治安維持令を廃止する条件として「治安維持法」が制定され、公布されました。

②一九二五年一月、ソ連邦との間に日ソ基本条約を締結したことにより、政府はコミンテルン（共産主義政党による国際組織）による共産主義の宣伝を警戒しました。

③この年の三月に成立した男子普通選挙法（二十五歳以上の男子）を認める交換条件として、共産主義

者を取り締まる法の制定を議会が要求しました。いわば、アメとムチとの抱き合わせによる交換といえます。

戦前の日本において共産主義者は、日本の国体の基軸である天皇制と私有財産制を否定し、日本に共産主義革命をめざす危険な政治集団として危険視され、徹底的に弾圧されました。『治安維持法と共謀罪』（内田博文著、岩波書店、二〇一七年）によれば、この治安維持法は「ホップ・ステップ・ジャンプのうちのホップの段階に該当した」とされます（四頁）。

一九二八（昭和三）年

三月　三・一五事件（共産党員一斉検挙）
六月　治安維持法改定
七月　特別高等警察が全国に新設

一九二五年制定の治安維持法により、この年の三月一五日、全国で共産党員約一五〇〇名の大検挙が行われました。そしてその直後の六月に、改定治安維持法が緊急勅令によって公布され、翌年議会で承認されました。当初この改定法案は、議会で審議未了・廃案となりました。しかし政府は枢密院による緊急勅令として公布し、翌年議会を通過させました。この時の改定の要点は二つです。

①刑を引き上げて、最高刑を死刑としました。厳罰主義をとることで左翼運動に対する威圧と予防を狙

いました。

②目的遂行罪を設けました。特に日本共産党の活動を支えて党の目的に寄与するとみなされた、あらゆる行為を罰することができ、宣伝も含まれます。これが後に拡大解釈され、猛威をふるうことになります。

これが、ホップ・ステップ・ジャンプの「ステップ」にあたります。治安維持法改定後、全国に新設された「特別高等警察」（特高と略称）が弾圧のための手足となって、猛威をふるいました。

一九三一（昭和六）年九月　満州事変勃発（奉天近郊の柳条湖付近の満鉄の鉄道路線爆破）

拙著『揺れ動く時代におけるキリスト者の使命』によれば、次のとおりです。

「軍部による満州事変勃発にあたり、最初、内閣は事態不拡大方針を取りました。歴史に『もし』という言葉は禁句だとされますが、もしここでとどまっていたら、あるいは日中全面戦争、そしてアジア・太平洋戦争にまで発展しなかったかもしれません。しかし、軍部に迎合したマスコミが事態拡大を大いにあおり立て、国民も満州侵略を熱狂的に支持しました」（一二頁）。

民間人として初めて中国大使を務めた丹羽宇一朗は、その著『戦争の大問題』（東洋経済新報社、二〇一七年）の中で次のように指摘しています。

「国民は強硬論を好む傾向がある。慎重論は弱腰と非難され、政治家も強硬論ばかりを主張するようになり、強硬な政策が支持される。政策が強硬になるとメディアは自由を失い、強硬論以外はメディアから排斥される。結果、世論は強硬論の方向に統一されてしまう」（一一三頁）。

満州事変以後、日本はまさにこのようになっていき、日中全面戦争そして日米戦争へと突き進んでいきました。

日本の近現代史について、多くの優れた著書を発表した歴史作家である半藤一利は、この時代について次のように指摘しています。

「国民的熱狂をつくってはいけない。その国民的熱狂に流されてしまってはいけない。ひとことで言えば、時の勢いに駆《か》り立てられてはいけないということです。熱狂というのは理性的なものではなく、感情的な産物ですが、昭和史全体をみてきますと、なんと日本人は熱狂したことか。マスコミに煽《あお》られ、いったん燃え上がってしまうと熱狂そのものが権威をもちはじめ、不動のもののように人びとを引っ張ってゆき、流してきました」（『昭和史　一九二六～一九四五』平凡社、二〇〇四年、四九九～五〇〇頁）。

局地的事変から大規模な戦争へと発展していくパターンについて、月刊誌『世界』二〇一七年六月号（岩波書店）では次のように指摘されています。

「戦争は……『常に小さな火から始まるのです。そして闘えるのは、火が小さなうちだけなのです』」（三九頁）。

そして同じ頁に、こうあります。

「九〇歳を超える方々に『いつごろ時代の空気が変わったか』と訊くと、ほとんどの人が『満州事変』と答えた、という話です。」

五百年前にルネサンス時代のヒューマニストであるエラスムスは、戦争というものの性格について、その著『平和の訴え』（一五一七年。邦訳、箕輪三郎訳、岩波書店、一九六一年）で見事に予言しています。まさにこのとおりになりました。

「戦争というものは、一度その火蓋《ひぶた》が切られてしまうと阻止できないものだということを、考えようともしません。ほんとうに、小ぜり合いから大乱闘になり、一つの戦争が数多くの戦争に発展し、かすり傷から血の海を招くことになるのです。戦火の嵐は、一つの相手に激しく吹きつけるだけでは収まらず、いよいよ荒れ狂って遂には世界全体を捲きこんでしまうものですのにね」（八一頁）。

一九三七（昭和一二）年

七月　日中事変勃発（中国の北京郊外における盧溝橋《ろこうきょう》事件により日中間の全面戦争に突入）

八月　軍機保護法改定案成立

戦争体制に入ったため、軍の機密を保護するための法律がより厳しく改定されました。この成立の際、政府はこの法律によって、一般国民が処罰されることはないと言明しました。しかし一九四一年、この法律に違反したとして、宮沢・レーン事件が起きました。*

二〇一四年に特定秘密保護法を強行可決した際、政府・与党はこの法律によって一般国民が処罰されることはないと弁明したこととよく似ています。

＊一九四一年一二月、北海道帝大学生の宮沢弘幸とアメリカ人レーン宣教師夫妻が、軍機保護法違反で逮捕され、戦時下の秘密裁判で宮沢とレーンは懲役一五年、レーン夫人は同一二年の実刑判決を受けました。これは全くの冤罪でしたが、戦時中の秘密裁判であり、国民には知らされませんでした。レーン宣教師夫妻は捕虜交換船によって国外退去となり、宮沢青年は服役し、戦後釈放されますが、服役中の病気が原因で死亡しています。

一九三八（昭和一三）年

四月　国家総動員法公布

既成の政党は解散され、国家のすべてを戦争に総動員するための大政翼賛会体制が出来上がりました。

一九四一（昭和一六）年

三月七日　国防保安法公布

戦争に本格的に突入するために、国家機密の保護を目的とした法律が制定されました。

三月一〇日　治安維持法改定公布（新治安維持法）

その改定の概要は以下のとおりです。それは、罰則の強化――国体変革を目的とした結社の組織を準備する準備結社の罰則を新設するものです。

「国体ヲ否定シ又ハ神宮若シクハ皇室ノ尊厳ヲ冒瀆《ぼうとく》スベキ事項」の流布を目的とした結社の罰則を設けました。これは、新興宗教やキリスト教系団体等の宗教団体を取り締まることを狙ったものです。「国体の否定」とは、国体すなわち天皇の統治権を承認しない教義を持つとみなされることを意味します。国体に疑義を持つとみなされるだけでも罪に処せられるわけで、信仰・思想・良心の自由を奪う恐るべき法律となりました。

これが、治安維持法のホップ・ステップ・ジャンプの最後の「ジャンプ」となりました。作家三浦綾子は、その作品の中で次のように鋭く指摘しています。

「わたしは戦争とは、人権無視、人格無視、国民の意見を踏みにじる、恐るべき国家権力の一つの姿だと思いますね。国家権力が、武力を持っているからこそ戦争は起きるわけですよ。敵を武力によって攻撃する前に、先ず自国民を武力によって黙らせる！　これが戦争のさきがけであります。国民の口を封じておいて無理矢理戦争に突入する。このことをあなたがたは今、ここにしっかりと銘記していただきたい」（『三浦綾子全集 第11巻』新潮社、一九九三年、八〇頁）。

一九四一（昭和一六）年一二月八日　太平洋戦争開始

一九四二（昭和一七）年

六月二六日　ホーリネス系教職・信徒の治安維持法違反の嫌疑による第一次検挙（翌年四月、第二次検挙）

宗教団体法により一九四一年成立した日本基督教団に所属する旧ホーリネス系の群れがなぜ弾圧されたかについて、拙著『日本キリスト教宣教史』から引用します。

「戦時体制において、国家にとって何よりも重要なのは、国民を戦争遂行のために総動員し、統制下に置くことであった。それを有効に成し遂げるためには、それに反すると思われる個人や団体を徹底的に弾圧し、その悲惨な結末を示すことで関係者を恫喝《どうかつ》し、彼らがますます国家に協力するようにしむけることである。

こうした当局の標的となったのが、美濃ミッションであり、日本灯台社であり、耶蘇基督之新約教会であり、プリマス・ブレズレンであった。そして今度はプロテスタント教会を統合した日本基督教団を締めつけ、国家に従順に服従させるために、ホーリネス系教会が標的になったと考えられる。こうした官憲の意図は、図らずも取り調べの刑事が語ったとされる次の言葉にもうかがえる。『一番熱心な教派を打ちたたいて、他のなまぬるい全体の教会を震えあがらせる』とか、『君たちをたたいてなお日本のクリスチャンたちが目を醒まさないならば、この次は一番大きい教団第一部（日本基督教会）をやることになっているんだよ』というものであった。すなわち一罰百戒的なねらいが込められていたのである」（二五六〜二五七頁）。

この改定治安維持法違反による裁判の結果、一三四人の検挙者のうち、七五人が起訴され、指導者たちが実刑判決を受けました。獄中生活の中で獄死者とそれに準ずる死者を合わせると七人という、日本のプロテスタント・キリスト教史上最大の弾圧事件となりました。被告全員が上告し、戦後、治安維持法の撤廃により免訴扱いとなりました。

一九四五（昭和二〇）年八月一五日　天皇の詔勅《しょうちょく》により敗戦

〈戦後篇〉

戦後の日本は、一九四五年八月一五日から一九五二年四月まで、アメリカ軍を主体とする進駐軍の支配下に置かれました。ポツダム宣言に基づき、日本から軍国主義体制を一掃し、民主化するための政策が矢継ぎ早になされました。ＧＨＱ（連合国軍総司令部）は治安維持法をはじめ、戦前の治安・監視・取り締まりの法律をすべて廃止し、獄中にあった思想・宗教犯は全員釈放されました。

その民主化政策の仕上げともいうべきものが、一九四七年五月の日本国憲法の公布でした。その中には、無条件の信教の自由や政教分離の原則、言論・結社の自由などの基本的人権の尊重が高らかに宣言されました。

しかし以下に見ていくように、戦後、治安を名目とする取り締まり・監視立法が次々と制定され、改定され、今日に至っています。

一九四五（昭和二〇）年

一〇月一〇日　ＧＨＱの指令により思想犯釈放
一〇月一三日　国防保安法、軍機保護法、言論・出版・集会・結社等臨時取締法の廃止
一〇月一五日　治安維持法、思想犯保護観察法の廃止

ここで、政治・思想・宗教団体の取り締まりの根拠となっていた悪名高い弾圧立法である治安維持法が廃止されるわけですが、今回の共謀罪法の審議に関連し、この時の法務大臣が戦前の治安維持法についても述べています。二〇一七年六月一五日、共謀罪法が参議院で強行可決されましたが、それに先立つ六月二日の衆議院法務委員会で、金田法務大臣は、国の立場をこう答弁しているのです。

「治安維持法は当時、適正に制定されたものでありますので、同法違反の罪にかかります、拘留・拘禁は適法でありまして、また、同法違反の罪にかかる刑の執行も、適法に構成された裁判所によって言い渡された有罪判決に基づいて、適法に行われたものであって、違法があったとは認められません。し

たがって、治安維持法違反の罪にかかる拘留もしくは拘禁、または刑の執行によって生じた損害を賠償すべき理由はなく、謝罪、および実態調査の必要もないものと思われます」（日本福音同盟社会委員会、二〇一七年六月一四日の要請文についての説明文「テロ等準備罪法案の問題点について」より）。

このような認識を持つ政権によって、現代の治安維持法とも言うべき共謀罪法が強行可決されました。

一九五二（昭和二七）年七月　破壊活動防止法公布

この法の成立の背景として、占領体制の終了に伴い、共産党等の団体の活動を規制する法が必要とされ、制定されました。

一九九九（平成一一）年八月　「組織的な犯罪の処罰及び犯罪の収益の規制等に関する法律（組織的犯罪処罰法）」および「犯罪捜査のための通信傍受に関する法律（盗聴法）」成立

これらの法案成立の背景には、オウム真理教教団による一連の事件があり、そうした事件を予防し、取り締まるために必要であるとされました。盗聴法は通信の自由という、国民の基本的人権を侵害し、組織的犯罪処罰法は市民の組織を規制することにつながり、警察による国民監視体制の強化に結びつく危険があり、野党、キリスト教界をはじめ多くの団体が反対しました。

二〇〇〇（平成一二）年一二月　国連総会で「国連越境組織犯罪防止条約」採択

この条約に批准《ひじゅん》するための法整備は、主にマネーロンダリング、人身売買、武器の密輸等国際組織犯罪集団を対象にするものです。しかし安倍政権は共謀罪法案を通すにあたり、この国際条約に加盟するために、この法案が国内で必要であると強弁してきました。

二〇〇三（平成一五）年六月　「有事関連三法」成立

これは「武力攻撃事態法」、「改正自衛隊法」、「改正安全保障会議設置法」から成っています。この法案は、それまで規定のなかった、他国による武力攻撃等の有事の際の政府や自衛隊の活動を定めたものです。注目すべきことは、この国会審議の中で、政府は有事の際は、「思想や信仰を理由に自衛隊への協力を拒否することが認められないケースがあり得る」ことや、自衛隊の作戦行動の中で「教会や神社、仏閣の収容があり得る」との見解を示しました。

二〇〇三（平成一五）年～二〇〇九（平成二一）年

共謀罪法案（組織犯罪処罰法改正案）が三回にわたって国会に提出されましたが、いずれも衆議院解散により廃案となりました。

二〇一三（平成二五）年

一一月　国家安全保障会議（ＮＳＣ）の設置

首相を含む四人の大臣の会合に情報・判断を集中する体制で、アメリカの強い要請を受け、それをモデルとして設立しました。

一二月　特定秘密保護法案を強行採決により制定

右記の組織の設置により、運用上必要であるとして制定されました。

この法律においては、何が国家機密となるかが公にされていないので、国家秘密とは知らずに特定秘密に抵触した人が摘発される可能性があります。摘発に至らなくても、強い萎縮効果を与えます。野党、法曹界、マスコミ関係者の強い反対にもかかわらず、強行可決され、施行されました。

二〇一五（平成二七）年九月　安保法制法案を参議院で強行可決（二〇一六年三月　安保法施行）

この法により、従来は憲法解釈上認められていなかった集団的自衛権を行使できることになりました。事実上戦争のできる普通の国家の仲間入りをしたことになります。

二〇一六（平成二八）年五月「犯罪捜査のための通信傍受に関する法律（盗聴法）」改定

一九九九年の通信傍受法が改定されました。以前はその対象を組織的殺人等四つの犯罪に限定し、ＮＴＴ職員の立ち合いのもとに盗聴が認められていました。しかしこの改定により、対象犯罪が九つの犯罪に拡大され、立ち合いも必要なくなり、警察が広範囲に盗聴できるようになりました。

二〇一七（平成二九）年　共謀罪を「テロ等組織犯罪準備罪」として提出

五月二三日　同法案を衆議院で強行可決

六月一五日　同法案を参議院で強行可決（七月一一日施行）

2　共謀罪（テロ等組織犯罪処罰法改定法案）の問題点について

(1)　今なぜ共謀罪か？

政府の主張は、二〇〇〇年一二月に国連で採択された「国連越境組織犯罪防止条約」を日本が批准するためには、国内法を整備する必要があるというものです。こうした理由のもと、過去三回にわたって法案として国会に上程されましたが、野党や法曹界をはじめ広範な国民の反対により廃案となりました。

政府にとって、いわば四度目の正直であり、政府・与党悲願の法案といえます。今回は二〇二〇年に迫ってきている東京オリンピックを控え、テロ対策を強調しました。政府は「一般市民は対象外である」ことを強調しますが、以下に考察するように一般人が対象になる危険性は十分考えられます。

(2)　今回可決された共謀罪法案について

「組織的な犯罪の処罰及び犯罪収益の規制等に関する法律の改正案」（当初の六七六から二七七に対象犯罪数を減少）、その第六条に次の一条を加えました。

（テロリズム集団その他の組織的犯罪集団による実行準備行為を伴う重大犯罪遂行の計画）

第六条の二

次の各号に掲げる罪に当たる行為で、テロリズム集団その他の組織的犯罪集団（団体のうち、その結合関係の基礎としての共同の目的が別表第三に掲げる罪を実行することにあるものをいう。次項において同じ。）の団体の活動として、当該行為を実行するための組織により行われるものの遂行を二人以上で計画した者は、その計画をした者のいずれかによりその計画に基づき資金又は物品の手配、関係場所の下見その他の計画をした犯罪を実行するための準備行為が行われたときは、当該各号に定める刑に処する。ただし、実行に着手する前に自首した者は、その刑を減軽し、又は免除する。

別表第四に掲げる罪のうち、死刑又は無期若しくは長期十年を超える懲役若しくは禁錮の刑が定められているもの　五年以下の懲役又は禁錮

⑶　法案の問題点

従来の刑法の大原則は、処罰対象はあくまで行為であり、外部に表れない思想や心情そのものを処罰してはならない、とされています。近代刑法の原則によれば、犯罪なのか犯罪でないのかがはっきりしない行為は、原則として処罰をしないことになります。「疑わしきは罰せず」という言葉のとおりです。すなわち、結果が発生して、犯罪であることが明らかになって、はじめて処罰することができるという考えでした。

しかし共謀罪は、犯罪を共謀（計画）した段階で対象とするため、この大原則が当てはまりません。結果として「人の意思」を処罰することになります。

次の文章は、共謀罪が制定される前に、法律の専門家たちがその危険性を指摘しているものです。

「『共謀罪』の新設は、共謀の疑いを理由とする早期からの捜査を可能にします。およそ犯罪とは考えられない行為までが捜査の対象とされ、人が集まって話しているだけで容疑者とされてしまうかもしれません。……これまで基本的に許されないと解されてきた、犯罪の実行に着手する前の逮捕・勾留、捜査・差押えなどの強制捜査が可能になるためです。とりわけ、通信傍受（盗聴）の対象犯罪が大幅に拡大された現在、共謀罪が新設されれば、両者が相まって、電子メールも含めた市民の日常的な通信がたやすく傍受されかねません。将来的に、共謀罪の摘発の必要性を名目とする会話盗聴や身分秘匿捜査官の投入といった、歯止めのない捜査権限の拡大につながるおそれもあります」（『世界』二〇一七年四月号、五一〜五二頁）。

さらに別の法律家は、特定秘密保護法、盗聴法、そして共謀罪法が揃った時にその恐るべき効果について指摘しています。

「共謀罪を立証するためには、共謀現場を盗聴することが重要である。……特定秘密保護法、共謀罪、盗聴法は、民主主義と市民社会を崩壊させる三点セットである。……この三点セットは、警察権限を強化し、『民ハ依ラシムベシ。知ラシムベカラズ』の統治理念を貫徹するものであり、絶対に許してはならない。民主主義と市民社会を守るために」（足立昌勝『改悪「盗聴法」その危険な仕組み』社会評論社、二〇一六年、八〜九頁）。

このように、二〇一四年から二〇一七年までの法律制定の流れを見るとき、特定秘密保護法、盗聴法改定、共謀罪（組織犯罪処罰法改定）とまさに民主主義と市民社会を崩壊させる三点セットが揃ってしまいました。私たちは、一つ一つの法案だけを見ると、その繋がりや危険性が必ずしも十分見通せません。しかしこれらを繋げ、全体的に見ていくときに、その脅威をしっかり自覚する必要があると思います。そしてこうした流れは、まさに一九三〇年代からの戦争に至る歩みと結びつくものです。

3　歴史から学ぶ治安立法（治安維持法、共謀罪法を含む）に関する教訓

国内の情勢や外部（国際社会等）の要請・圧力を理由とし、野党や国民の反対を押し切って立法化しています。治安維持法改正の場合は、まず緊急勅令という形で強権的に提出し、その後、衆議院で可決し、法制化しています。特定秘密保護法や共謀罪法の場合、与党の多数を頼み、強行採決を繰り返して法制化しています。特に二〇一七年の共謀罪法の参議院での可決の時は、動議や中間報告を用いるという禁じ手まで使って強引に通しています。

いったん法制化したら、改定（改悪）して刑を引き上げ、厳罰主義をとることで、威圧と予防を狙っています。つまり「小さく産んで大きく育てる」というやり方です。この手法は、戦前も戦後も同様です。二〇一八年以降に予定されている憲法改定論議でも、とにかく悲願の憲法改定を前に進めるために、極力ハードルを下げ、一点突破をめざしています。

法の適用をするために、捜査権限を拡大し、摘発該当者を捜し、広げていきます。法を施行したからには、

実績をアピールする必要が出てきます。一九四一年の治安維持法改定に関しては、共産党の壊滅により検挙者が減りましたが、宗教団体という新たなターゲットを狙い、摘発しました。今回の共謀罪の新設の場合、近年、犯罪の件数が激減して仕事の少なくなった警察が、政府に必ずしも敵対的でない者をもターゲットにしようとしていると考えられます。（刑法犯は二〇一二年二〇三万六三九三件、二〇一五年一六一万六四四二件で三年間で三割減。）

一九四二年のホーリネス弾圧の際、ある特高刑事が「治安維持法で共産主義が壊滅したので仕事がなくなったから、ホーリネスを狙ったのだ」と豪語したとされます（ホーリネス・バンド昭和キリスト教弾圧史刊行会『ホーリネス・バンドの軌跡』新教出版社、一九八三年、七一七頁）。

4　最近のマスコミに対する締めつけや統制の強化

最近複数の著名なキャスターがテレビから姿を消しました。政権や世の流れに批判的な発言をすれば、外されるということが既成事実となっています。

長年NHKの「クローズアップ現代」という報道番組のキャスターを務めていた国谷裕子は、その広い見識と鋭い問いかけで知られていましたが、二〇一六年からの番組編成見直しにより、事実上の降板を余儀なくされました。彼女は翌年、『キャスターという仕事』を岩波新書で発表しています。その中から、彼女は最近のマスコミを取り巻く風潮を次のように記しています。

「日本のなかには、多数意見と異なるものへの反発や、多数意見へ同意、あるいは同調を促す雰囲気のようなもの、いわゆる『同調圧力』と呼ばれる空気のようなものがある」（一五九頁）。「インタビューのなかで、相手にとってネガティブな側面から迫っていくと、多かれ少なかれ、批判や反発が寄せられる。そういうことは、その後も起きた。波風を立てる、水を差す、そういったことを嫌う、あるいは避けようとする日本人の感性とも言えそうなものが、インタビューの受け取られ方にも現れていた」（一六二頁）。「流れに逆らうことなく多数に同調しなさい、同調するのが当たり前といった同調圧力は、日本では様々な場面で登場してくる。ここ数年は、その圧力が強まっているとさえ感じる。

そのような状況のなかで、本来その同調圧力に抗すべきメディア、報道機関までが、その同調圧力に加担するようになってはいないだろうか」（一五九頁）。

彼女は、用意された報道内容を忠実に読み上げるアナウンサーとは違い、キャスターはそのテーマについて事前に調べ、自分なりの見識を持ち、「聞くべきことをきちんと聞く、繰り返し聞く」という報道スタンスに立って、それを実践しました。ときにはインタビューの相手に、遠慮せずに切り込んでいくような姿勢で報道に臨みました。こうした報道姿勢が、二〇一四年の集団的自衛権の問題について、菅官房長官へのインタビューでも貫かれ、それが首相官邸周辺の強い不評を買ったとの報道もあって、降板の一因となったことが考えられます。

彼女が担当した「クローズアップ現代」の最後のゲストとなったのが、評論家として著名な柳田邦男でした。彼はこの番組の中で、「危機的な日本の中で生きる若者たちへの八か条」を紹介しています。非常に大切な提言なので、その中で一と二を紹介します。

「一　自分で考える習慣をつける。立ち止まって考える時間を持つ。感情に流されずに論理的に考える力をつける。

二　政治問題、社会問題に関する情報（報道）の根底にある問題を読み解く力をつける」（同書、二三三頁）。

とても重要な提言ですが、現実には読書をあまりせず、インターネットやスマホからくる情報に流されやすい若者や現代人にはなかなか難しい注文とも言えます。

とにかく国谷キャスターの降板の出来事に象徴されるように、ＮＨＫをはじめとする主要なメディアが、かつてなく権力への検証精神を失い、「忖度《そんたく》」という言葉に代表されるような時代思潮への追随になってきていると思います。

5　今日の日本の状況と私たちの課題

私は、二〇〇九年に『日本キリスト教宣教史』を出版し、この本の結論の言葉として、次のように記しました。

「ここ十数年の歩みを見るときに、日本の政治や経済は混乱を繰り返しながらも、『戦争のできる普通の国』を目ざし、ゆっくりとしかし確実に進んでいると言える。……そうした今まで見てきたような日本の精神風土や時代の流れの中で、『神第一』という信仰に立ち、思想・良心の自由を大切にして生きようとすると、多数決民主主義の名のもとに、居心地を悪くさせられる現実になってきている。しかし過去の日本のキリスト教史を振り返るとき、私たちの先輩たちはそのようなかで、いやもっと厳しい状況の中で伝道し、証ししていったのである」（三七一～三七二頁）。

そして、この文章に続いて、内村鑑三の「死魚の類」という文章を引用しました。彼は、平和な時には平和主義を唱えながら、日露戦争のように一たび戦争に突入すると戦争を賛美し、戦争に協力した日本のキリスト教会を厳しく批判しています。

「言ありいわく、『生ける魚は水流に逆らいて泳ぎ、死せる魚は水流とともに流る』。かつて一回も世に逆らいしことなく、常にその潮流にしたがいて往来するわが国今日のキリスト信者は死せる魚の類にあらずして何ぞや」（三七二頁）。

その時代の潮流に流されやすい日本人、そして日本のキリスト者に対する実に厳しい言葉です。戦前だけではなく、まさに現在の世界を動かしているものも、揺れ動き、変わりやすい時代の潮流です。今世界中に人々を煽り立てる「ポピュリズム（大衆迎合主義）」が蔓延《まんえん》し、政治や社会を動かしています。オックスフォード英語辞典が選んだ二〇一六年の「今年の単語」は「Post-Truth」でした。これは、「世論を形成するうえで、客観的な事実よりも、感情や個人的な信念に訴えるものが影響力を持つ」ことを意味します。それを象徴するものが、アメリカにおけるトランプ政権の成立とその後の政策です。

私たちは、今このような時代に生きています。内外の諸分野についての情報は日々あふれ、現在本当に何が起きているのか、社会はどこに向かっているのか、つかみにくい時代です。日本や世界が危険な方向に向かっているとしても、ついつい日常の生活や問題に追われがちです。

しかし私たちは、そのようななかで問題意識を持ち、感情に流されずに、自分で考えていくことを大切にしていきたいと思います。そのために聖書に耳を傾け、過去の歴史からしっかりと学び、いま世界がどこに向かっていくのか、気づいていきたいと願います。そうしたなかから、気づき、教えられたことを、自分の中にとどめず、言葉と行動で周りの人々に発信していきたいと思います。

それこそ、目を覚まし、見張り人として生き、「地の塩、世の光」として生きることではないでしょうか。

今から七十五年前、戦前の治安維持法に基づいてホーリネス系諸教会への大弾圧がなされました。この出来事は、戦前の過ぎ去った歴史的出来事ではなく、まさに今の時代に生きる私たちへの警告であり、教訓です。「歴史は繰り返す」と言われますが、しっかりと目を覚まし、この時代の見張り人としての私たちの使命を果たしていきたいと思います。

（本稿は、二〇一七年六月二五日に東京都新宿区にある淀橋教会で行った「ホーリネス弾圧記念聖会」の講演に修正・加筆したものです。）

付　記

本稿のもとになった講演は二〇一七年六月に行ったものですが、その後『治安維持法と共謀罪』という、まことに時宜にかなった本が出版されました。著者の内田博文は、その最後に次のように警告しています。

「恐ろしいのは国家と国民の関係が逆転することである。国民のための国家から国家のための国民に逆転することが予想される。共謀罪が施行されると国家に異議を申し立てることが事実上抑制されるからである。共謀罪が成立していないのに萎縮効果が出始めた。『知りたくない』『私には関係ない』『政府のやることに反対したくない』という人が増えている」（二四〇～二四一頁）。

「治安維持法の制定および拡大がそうであったように共謀罪の創設も安保法制や秘密保護法などの関連において捉える必要がある。いざ憲法を改定し、今以上に世界中に軍隊を派遣できるようにする時には反対者がもっと広範に出てくるだろう。政府としては、それを徹底的に取り締まる法律が必要になる。その時に共謀罪はその気になればいくらでも使える。そういう風にできている」（二四一～二四二頁）。

筆者は、現在住んでいる新潟市において、十数年来、市民団体である「九条の会」の呼びかけ人として講演やデモ、署名活動に取り組んでいます。最近の県内の九条の会の代表者会議の報告で、共謀罪成立後、街頭でのスタンディングの人数が減ってきているとのことでした。早くも共謀罪による萎縮効果が出てきたのかと懸念されます。

しかしまだ私たちは、現行の日本国憲法のもとで、こうした現代の治安維持法や戦争に反対し、声をあげることができます。デモをしたり、集会をしたり、署名活動をしたり、新聞に投書したりすることもできます。取り返しのつかない道を突き進む前に、平和をつくる者としての私たちの使命を果たしていきたいものです。

参考文献

中村敏『揺れ動く時代におけるキリスト者の使命――日本はどこへ行き、私たちはどこに立つのか』いのちのことば社、二〇一六年

中村敏『日本キリスト教宣教史』いのちのことば社、二〇〇九年

中村敏『宗教改革の精神と日本のキリスト者』いのちのことば社、二〇一七年

半藤一利『昭和史』平凡社、二〇〇四年

高山佳奈子『共謀罪の何が問題か』岩波書店、二〇一七年

斎藤貴男・沢田竜夫編著『「治安国家」拒否宣言――「共謀罪がやってくる」』晶文社、二〇〇五年

国谷裕子『キャスターという仕事』岩波書店、二〇一七年

足立昌勝『改悪「盗聴法」その危険な仕組み』社会評論社、二〇一六年

朝日新聞東京社会部編『もの言えぬ時代――戦争・アメリカ・共謀罪』朝日新聞出版、二〇一七年
内田博文『治安維持法と共謀罪』岩波書店、二〇一七年
孫崎亨『21世紀の戦争と平和』徳間書店、二〇一六年
丹羽宇一朗『戦争の大問題』東洋経済新報社、二〇一七年
井戸垣彰『日本の教会はどこへ』いのちのことば社、一九九二年
ホーリネス・バンド昭和キリスト教弾圧史刊行会『ホーリネス・バンドの軌跡』新教出版社、一九八三年
エラスムス『平和の訴え』箕輪三郎訳、岩波書店、一九六一年
『三浦綾子全集　第11巻』新潮社、一九九三年
『世界』岩波書店、二〇一七年四月号、六月号

第二部　トランプ大統領のアメリカと私たち

「いわゆる歴史の曲り角にくると、人間は、落ちつきを失って、何とはなしに、異常状態をあらわしてくるものである。そこに、強い指導者が、時をえる素地がつくられるのである。強い指導者は、必ずしも、善い指導者とはかぎらない。神よりも、むしろ、悪魔にしたがう者であるかも知れない。注意しよう」（ボンヘッファー『主に従う』〈上〉岸千年・徳善義和訳、聖文舎、一九六三年、「序にかえて」二頁）。

はじめに

二〇一七年一月二〇日、ドナルド・トランプ氏は第四五代のアメリカ大統領に就任し、共和党のトランプ政権が正式にスタートしました。彼は就任後矢継ぎ早に、アメリカへのイスラム教国七か国からの入国禁止処置、TPP協定からの離脱等、選挙戦の公約どおり、アメリカ・ファーストの政策を実行し、国の内外に混乱や批判を招いています。その後も主要メディアとの対立は続き、パリ協定からの離脱宣言、そして一二月にはエルサレムをイスラエルの首都であると宣言し、イスラエルとパレスチナ・イスラム諸国との対立を引き起こし、世界の諸国の批判を受けています。選挙戦時代のロシアの介入疑惑をめぐるいわゆるロシア・

ゲートの捜査はなおも続き、今も政権の不安定要因になっています。

本稿では、なぜアメリカでトランプ政権が誕生したのか、そしてなぜこのような政策を実行するのかを考察します。そしてアメリカの福音派を含む宗教右派と呼ばれる人々の大半がなぜトランプ政権を支持し、現在も支持し続けているのかも取り上げます。そしてこのトランプ政権に、一貫して追随ともいえる立場をとっている安倍政権の危険性についても論じていきます。

1　レーガン政権誕生（一九八〇年）との共通点

最初に筆者の渡米経験から書き始めたいと思います。筆者は、一九八〇年から八二年までの約二年間、家族とともにアメリカ中西部のイリノイ州にある福音派の神学校に、教会史を研究するために留学しました。ちょうどその時、アメリカは大統領選挙の真っ最中でした。民主党の大統領候補は、再選をめざすジミー・カーターであり、共和党の候補は元カリフォルニア州知事ロナルド・レーガンでした。どちらもボーン・アゲイン（新生体験）のプロテスタントのクリスチャンであることを公言し、さすがキリスト教国アメリカであると実感したことでした。

筆者が日本での報道から受けていた印象は、カーターは人権派であり、一方のレーガンはハリウッドの俳優出身で、カリフォルニア州の知事を二期務めたものの、外交経験は全くなく、危険な軍拡論者というものでした。アメリカのテレビ報道でも、レーガン候補はソ連を悪の帝国と呼んで激しく攻撃し、アメリカ国民に「強くて豊かなアメリカの復権」を訴えていました。そのころのアメリカは経済が低迷して、失業率が増大し、イランによるアメリカ大使館の占拠・人質事件が起き、アメリカの国威が失墜していました。

こうした状況に不満をもつ国民の強い支持を得て、選挙結果はレーガンの圧勝に終わり、それ以降二期八年の共和党政権が続きました。レーガンは、対ソ強硬路線を唱えて軍備を拡張する一方で、社会福祉支出を削り、大幅な減税を行いました。しかしこの「レーガノミックス」は国家財政の大幅な赤字を招き、アメリカは債務国に転落しました。そうした中でレーガン政権は、国威発揚のため、リビア爆撃、レバノン出兵、グレナダ侵攻、ニカラグアの反政府勢力コントラへの支援など軍事的強硬策を連発しました。

今回のアメリカの大統領選挙の結果、八年間の民主党のオバマ政権から、共和党のトランプ政権に代わり、一年以上経ちましたが、この時との多くの共通点を感じます。特に、トランプ大統領がその選挙戦で掲げたスローガンをはじめ、その政治手法等多くの点でレーガン元大統領との共通点がうかがえます。そしてそのどちらにおいても、政権の誕生に大きく貢献したのが、キリスト教の福音派を含む宗教右派と呼ばれる人々の力でした。これらの人々がなぜトランプ候補を支持したかについては、後ほど考察します。

さらに両者の時代の共通点を付け加えるならば、レーガン政権時代（一九八一～八八年）に日本の総理大臣を務めたのは中曾根康弘（一九八二～八七年在位）であり、「ロン―ヤス」と互いにファーストネームで呼び合うほどの蜜月時代を演出し、この間シーレーン防衛の共同研究着手をはじめ日米の軍事協力は急速に進みました。中曾根首相は、一九八三年の訪米の際、「日本列島を不沈空母にする」と発言し、日本国内において野党や民主勢力の激しい批判を浴びました。彼は「戦後政治の総決算」を主張し、現職総理として初めて靖国神社を公式参拝し、中国・韓国の厳しい批判を招きました。そして中曾根内閣のもとで、それまでタブー視されていた、防衛庁予算の国内総生産（ＧＤＰ）比一パーセントの枠を初めて突破するなど、タカ派ぶりを示しました。
まだ一年余りですが、トランプ大統領と安倍首相が親しい個人的関係を互いに強調し、北朝鮮政策や安保・外交方針において、安倍政権のアメリカ追随が突出していると見られます。この点においても、レーガン・中曾根時代と共通するものを感じます。

2　なぜトランプ政権が誕生したのか

二〇一六年の大統領選の予備選当初、不動産王として知られたトランプ候補は過激な言動で注目されたものの、所詮は泡沫候補と目されていました。ところが、共和党の主流派の候補を次々と押しのけ、ついに共和党の大統領候補の座を勝ち取りました。しかし民主党候補と対決する本選挙においては、主要マスコミをはじめアメリカ内外の関係者は、前国務長官のヒラリー・クリントン候補の勝利を信じて疑いませんでした。けれども、結果は大方の予想を覆して、トランプ候補の勝利に終わりました。なおこの選挙戦においては、ロシアの介入があったのではないかという、いわゆるロシア疑惑が今も司法の場で係争中です。

しかし結果として、トランプ候補は選挙管理委員会によって当選が認められ、二〇一七年一月二〇日に大統領就任式を行い、第四五代のアメリカ大統領に正式に就任しました。番狂わせともいうべきこの選挙結果について、アメリカのメディアをはじめ、内外の識者はいろいろと分析し、論じています。とにかく、トランプ氏が選挙戦でも就任後も繰り返した、「アメリカを再び偉大にする（Make America great again!）」や「アメリカ・ファースト（America first!）」というスローガンは、きわめて単純明快です。このスローガンの繰り返しは、失業や経済的低迷に苦しむ白人中間層や労働者層の心をとらえ、閉塞感を持つ人々の感情を巧みにすくいあげたと評されています。

総合月刊誌『世界』（岩波書店）の二〇一七年一月号はトランプ氏当選を受けて、「『トランプのアメリカ』と向き合う」という特集を組みました。その中で、彼を支持した人々について次のように記されています。

「トランプ氏の支持基盤は、没落の不安や現状に対する危機感をもつ白人たちでした。特に中間層には、暮らしや地位を誰も守ってくれない、グローバル経済がアメリカ人の生活を壊している、そうした不満が蔓延していた」（四四頁）。

白人中間層だけではなく、現状に対する不満は中西部の工業地帯で働く白人労働者層にも根強いものでした。彼らは、近年増大しつつある中南米系移民によって雇用を脅かされ、アメリカ社会における自分たちの地位が低下しつつあるという強い不安と不満とを抱いていました。そこで前出の記事は続いて、「今回の選挙を最も特徴づけているのは、白人労働者階級によるトランプ支持の強さである。その背景に、アメリカ社会における格差拡大があることは否定しようがない」と主張しています（六九頁）。

二〇一七年二月に、『ルポ　トランプ王国――もう一つのアメリカを行く』という本が岩波新書で出版されました。著者の金成隆一は朝日新聞社勤務の国際的ジャーナリストで、ニューヨークに駐在しながら、今回の大統領選挙を精力的に取材し、本書はその結果をまとめたものです。彼はニューヨークやワシントンでは、トランプ候補がきわめて不評だったのに対し、「ラストベルト（さびついた工業地帯）」と呼ばれたオハイオ州周辺の五つの州では圧倒的にトランプ支持であったことを知り、この地域に入り込み、多くの白人労働者にインタビューを試みました。彼はそれらの考察を踏まえたうえで、本書を執筆しています。トランプ氏がラストベルトと呼ばれたアイオワ、ウィスコンシン、オハイオ、ペンシルベニア、ミシガンの五州で勝利したことが、大統領選での勝因の一つとされています。これらの地域は、それまで労働組合の力が強く、民主党の強固な地盤でした。しかし移民に寛容で、グローバル経済や国際協調を掲げるオバマ政権の八年間で、自分たちはそのしわ寄せを受けたとする不満が強く、彼らの多くが民主党に愛想をつかし、大きな変化の期待できるトランプ氏に票を投じました。金成は、なぜトランプ氏が彼らに支持されたかについて、結論的にこう指摘しています。

「大統領選挙では、候補者が多数派を形成する方法は大きく2つ考えられる。理想の社会像を語り、支持を集める方法。もう1つは、共通の『敵』を作り上げ、敵意や憎悪を結集させる方法だ。トランプは、最初から最後まで（仮想）敵を作り出すことで選挙戦の熱量を維持した。看板スローガン『アメリカを再び偉大に』は前向きにも見えるが、国力を低下させたとする既存政治への批判がこめられていた」（二二六〜二二七頁）。

金成や多くの人々が指摘するのは、トランプ氏を支持したアメリカ人の多くが比較的低学歴で、低収入の労働者層や、かつて中間層だったと自認する白人層であったということです。「プアホワイト」と呼ばれる彼らにとって、共通の「敵」ともいうべき不法移民やムスリム難民を追い出し、メキシコ国境に壁を作り、アメリカ人の雇用を増やすと豪語するトランプ候補を熱狂的に支持することは当然の流れとなります。もっとも、ムスリム難民や不法移民がアメリカ社会でアメリカ人の職を奪い、犯罪を起こし、アメリカ社会を危険に陥れているという主張は、共和党の大統領指名を競い合った候補たちの共通のものでした。その中でもトランプ氏が指名を獲得するに至ったのは、その主張と発信力が最も極端で過激であったからだと言えるでしょう。

さらにトランプ氏を支持した人々が、彼に期待し、投票したのは、これまでまったく政治経験がなく、大富豪であるという点も見逃すことができません。彼らが望んでいるのは、アメリカ社会の閉塞感を生みだした、それまでの既成政治の構造を打破することでした。他の大統領候補のように政治経験があれば、様々なロビー団体とのつながりができ、既存政治のしがらみに毒されていると当然のようにみなされます。ですから大きな変革は期待できません。

しかしトランプ氏の場合、政治経験がないことが逆に既成政治のしがらみがなく、政治資金もおもに自前で調達できるとみなされ、思い切った変化が期待されました。とにかく反エシュタブリッシュメント（既存の支配層）の期待が彼に向けられたのです。

3　なぜ福音派がトランプ氏を支持したのか

次に考えたいのは、トランプ大統領誕生に大きな役割を果たしたキリスト教の福音派を含む「宗教右派」と呼ばれる人々が、なぜ彼を支持したのかということです。ここで取り上げる宗教右派という言葉は、アメリカでも明確な定義はなく、「キリスト教右派」とも呼ばれる保守的なクリスチャンを指します。必ずしもプロテスタントに限定されず、カトリックの保守派を含む場合もありますし、ときにはユダヤ教保守派までもが含まれることがあります。しかし、何といっても宗教右派の中核をなすのは、プロテスタントの「福音派」と呼ばれる人々です。

ここでいう「福音派（エバンジェリカルズ）」は、「六六巻の聖書は誤りなき神の言葉である」という聖書観に堅く立ち、「ボーン・アゲイン（新生体験）」を強調する教派・教団や信仰者の群れを指しています。福音派は、二〇世紀の初頭に自由主義神学と対抗した「根本主義」（ファンダメンタリズム、原理主義と言われることもあります）にそのルーツがあり、根本教理において、両者はほぼ共通の土台を持っています。しかし根本主義者が政治や社会問題に関わろうとせず、分離主義的傾向が強いのに対し、戦後の福音派はそうした課題にも積極的に取り組んでいきます。

特に一九八〇年代以降、アメリカの福音派は家庭に対する伝統的なキリスト教的価値観や道徳性の回復を訴えて、政治的な一大勢力となっていきました。その代表的な団体として、ジェリー・ファルウェルが設立した「モラル・マジョリティ」が挙げられます。レーガン政権の時代に、モラル・マジョリティは政治勢力として拡大し、レーガン政権の内外の政策を後押ししました。

モラル・マジョリティが一九八七年に解散した後は、パット・ロバートソンが中心となって立ち上げた「キリスト者連合（クリスチャン・コアリション）」が政治勢力としての影響力を発揮します。彼は一九八八年に共和党から大統領選挙に出馬しましたが、予備選挙で敗北しています。その予備選挙中にアメリカ各州で作り上げた組織を統合して立ち上げたのが、このキリスト者連合でした。彼はテレビ説教師（テレバンジエリスト）として知られ、ＣＢＮというテレビ局を所有し、「七〇〇クラブ」というテレビ番組を通して、多くの支持者に影響力を行使しています。

さらに福音派・宗教右派の団体で大きな影響力を持っているのが、「ファミリー・フォーカス（フォーカス・オン・ザ・ファミリー）」を設立したジェームズ・ドブソンです。彼は教職者ではなく、専門は児童心理学であり、その著作はアメリカだけでなく、日本を含む世界中で読まれています。（ドブソンの代表的な著作は『劣等感からの解放』、『家族のために』、『苦難の時にも』等であり、いずれもファミリー・フォーラム・ジャパン社から発刊されている。）

この団体の活動の中心は、ラジオ放送と出版であり、世界中に多くの聴取者と読者を持っています。アメリカの多くの州で政治組織があり、州議会へのロビー活動を行い、共和党との太いパイプを持ち、影響力を行使しています。他の福音派の団体と同様、人工妊娠中絶、同性愛、進化論に反対を掲げていますが、その活動は家族問題を中心とし、一般の人々がアクセスしやすいウェブサイトを運営しています（上坂昇『神の国アメリカの論理――宗教右派によるイスラエル支援、中絶・同性婚の否認』明石書店、二〇〇八年、三四頁）。

とにかくレーガン大統領以来、福音派の大多数の人々が共和党の強固な支持者であることはよく知られています。こうした福音派を含む、宗教右派と呼ばれる人々がその後親子二代にわたる、共和党のブッシュ政権の誕生に大きく貢献し、その政策を支持したことが知られています。そして今回の大統領選挙においても、ＣＮＮの出口調査によると、福音派の約八割の人々がトランプ候補に投票したとされています（『朝日新聞』二〇一八年三月八日号）。アメリカの福音派のジャーナリストとして知られているフィリップ・ヤンシーによれば、今回の選挙で八一パーセントの白人の福音派がトランプ氏に投票し、これは今までの共和党の大統領候補である、ブッシュ氏、マケイン氏、ロムニー氏を上回っているとされます（二〇一七年一月のブログより）。

『エヴァンジェリカルズ――アメリカ外交を動かすキリスト教福音主義』は、福音派を代表するキリスト教主義大学であるホィートン大学の政治学教授であるマーク・R・アムスタッツが、二〇一四年に著したものです（邦訳、加藤万里子訳、太田出版、二〇一四年）。彼は、その「まえがき」の中で、北米の福音派キリスト教研究所（ISAE）の報告を紹介しています。それによると、二一世紀初めにアメリカの福音派は七〇〇〇万人から八〇〇〇万人と推定され、アメリカの人口の約二五パーセントから三〇パーセントを占めているとされています。しかしこの数字には福音派の信仰に立つ黒人キリスト者が含まれていません。報告書は結論として、アメリカの福音派は平均で人口のおよそ三〇パーセントから三五パーセント、約一億人と見積もっています。これは実に大きな数字です（九～一〇頁）。ただし、今回の選挙において福音派でも、黒人やヒスパニック系の人々は、トランプ氏に対しては批判的な投票行動をとったとされています。

前の項で白人の労働者層、中間層の多くがトランプ氏支持に回ったと指摘しましたが、トランプ氏に投票した福音派の多くは白人層ですから、両者はかなりの部分で重なっていると考えられます。とにかく今回の大統領選挙において、福音派の約八割がトランプ氏に投票したと考えると、彼の大統領就任を決定的に後押ししたと言えるでしょう。ではなぜ福音派の人々がトランプ氏を支持し、彼に票を投じたのでしょうか。そして、なぜその後も彼の政策を支持しているのでしょうか。

◆森本あんりの考察と指摘

ここで紹介したいのは、アメリカ史の権威者の一人ともいうべき森本あんりの『宗教国家アメリカのふしぎな論理』（NHK新書、二〇一七年）の指摘です。森本は、この本の第三章のタイトルを「何がトランプ政権を生み出したのか」とし、「なぜ福音派がトランプを支持したのか」と興味深い考察をしています。彼はそれまで、建国以来のアメリカの精神を特徴づける二つの伝統を「富と成功の福音」と「反知性主義」として論じています。そして、「この両者を掛け合わせたところにトランプ現象がある」と指摘しています（九八頁）。

森本は、まず「富と成功」の福音理解がなぜトランプ氏支持につながるのかを論じています。彼はアメリカのキリスト者に広く見られる論理として、「人の声は神の声（ラテン語で vox populi, vox dei）」という概念を紹介します。つまり、ビジネスや人生における成功は、その人の努力を神が認め、祝福している証しであるということです。その論理からすれば、トランプ氏は政治家としては素人であるが、不動産王として「成功者」と言われているから、きっと神が認め、祝福しているに違いないという理屈になるわけです（同書、一〇〇頁）。

一九六〇年代、青年実業家であったドナルド・トランプ氏の通っていた教会が、ニューヨーク市五番街にある改革派教会（マーブル協同教会）であり、その牧師は「積極的思考の元祖」として世界的に著名なノーマン・ビンセント・ピールでした。ピールは、一九五二年『積極的考え方の力』を出版します。これはその後全米で五〇〇万部、世界で二〇〇〇万部を売り上げた一大ベストセラーとなります。日本でもすぐに翻訳が出て、六〇年以上たった今でも新たな訳本が出るほど根強い人気があります。（『〔新訳〕積極的考え方の力――成功と幸福を手にする一七の原則』月沢李歌子訳、ダイヤモンド社、二〇一二年。この本の最初の翻訳は、『積極的生活の技術』という書名で、やはりダイヤモンド社から一九五七年に出版されている。）

その内容はひとことで言えば、「すべてのことにおいて、自信を持ちなさい！」ということになります。仕事でも私生活でも、自分が成功するイメージを持ち、ネガティヴな考えを追い払い、現実を楽観的に見るときに、それが人々に力を与え、成功と幸福を約束してくれる。これがピールの語ったメッセージでした。そして彼は、その根拠を聖書に求めています。特に彼が強調したのが以下の二か所です。

「私を強くしてくださる方によって、私はどんなことでもできるのです」（新約聖書・ピリピ人への手紙四章一三節）。

「神を愛する人たち、すなわち、神のご計画にしたがって召された人々のためには、すべてのことがともに働いて益となることを、私たちは知っています」（新約聖書・ローマ人への手紙八章二八節）。

このピール牧師の説教を完全に自分のものとして取り入れたのが、若き日のドナルド・トランプ氏でした。トランプ氏は一九六〇年代の終わりごろからこの教会に出席し、ピールの言葉を徹底的に受け入れ、まさに「積極的思考」の生ける模範になったとされます。ピールのほうでも、青年実業家として少しずつ知られるようになったトランプ氏を、「自分の最高の弟子だ」とほめていたといいます。一九八三年にニューヨークにトランプタワーが完成すると、ピールは、トランプ氏が「全米一の建築家」になるだろうと言って、その開業を祝福しました。ちなみに、トランプ氏が最初の妻と結婚したときには、その教会でピール牧師が司式しています。そしてピールが引退した最後の礼拝にもトランプ氏は出席するほど、両者のつながりは深いものでした。

こうしたトランプ氏を支持し、投票したキリスト者、特に福音派の多くの人々について、森本あんりはこう代弁しています。

「たしかにあの候補は人間的に見て困ったところもある。だが、神の目はどこか違うところを見ているに違いない。彼には、人の知らないよいところがあって、それを神が是認しているのだ。だから彼はあんなに成功しているのだ」（「ドナルド・トランプの神学――プロテスタント倫理から富の福音へ」、『世界』二〇一七年一月号、八五頁）。

繰り返しますが、レーガン大統領以来、福音派が共和党を積極的に支持してきたことは周知の事実です。福音派は選挙戦では共和党候補に大量の票を投じ、歴代の共和党の大統領の誕生に多大の貢献をしてきました。しかし当選した後は、それらの大統領が現実の政治情勢や議会との対応の中で選挙戦の公約どおりには実行できず、福音派の人々が裏切られたと感じることも少なくありませんでした。森本はこの点について、こう指摘します。

「そんな彼らからすると、トランプは、確かに下品で乱暴ですが、心の内にあることと口から出てくる言葉が甚《はなは》だしく違っているということがない。それは政治家としてはまずいけれども、福音派から見ると、彼こそ『正直な人間だ』ということになるわけです」（『宗教国家アメリカのふしぎな論理』一〇〇頁）。

もう一つの、「反知性主義」という概念については、十分な説明が必要です。森本あんりは、二〇一五年に『反知性主義――アメリカが生んだ「熱病」の正体』（新潮選書）という本を出版しました。その中で、反知性主義の歴史をたどりながら、アメリカのキリスト教史に非常に興味深い考察を加えています。彼は結論として、「反知性主義は、知性と権力の固定的な結びつきに対する反感である。知的な特権階級が存在することに対する反感である」と言い切っています（二六二頁）。

アメリカには、建国以来知的エリートを輩出してきた東部の名門校、いわゆるアイビー・リーグという大学群があります。全部で八校ありますが、特に代表的な大学が、ハーバード大学、イェール大学、プリンストン大学です。これらの大学は、開学の初期から現在まで、歴代の多くの大統領をはじめ、政財界、科学・文化・思想・宗教界の諸分野に多くの指導者を輩出してきました。日本に当てはめると、東京大学（旧・東京帝国大学）をはじめとする旧七帝大のイメージと少し通じるかもしれません。

しかし森本は、その一方でアメリカのキリスト教史を考察しながら、庶民の間にこうした知的エリートに対する反感、反権力志向の流れや伝統が、随所に登場することを紹介しています。アイゼンハワー大統領やジョージ・ブッシュ大統領（子）をはじめ何人かの大統領の誕生にふれながら、「昔も今も、アメリカの大統領には、目から鼻へ抜けるような知的エリートは歓迎されない」と指摘します。そして、反知性主義とは「『ハーバード主義・イェール主義・プリンストン主義』への反感である。特定大学そのものへの反感ではなく、その出身者が固定的に国家などの権力構造を左右する立場にあり続けることに対する反感である」と主張します（同書、二六二頁）。

今回の大統領選の本選挙のトランプ氏の対立候補は言うまでもなく、ヒラリー・クリントン氏でしたが、彼女はイェール大学の卒業生であり、法務博士の学位を有し、弁護士をしていた知的エリートです。そして同じくイェール大学卒で大統領になったビル・クリントン氏の妻として八年間アメリカのファースト・レディーを務め、オバマ政権下では国務長官の職に就いていたエリート女性であり、まさにエスタブリッシュメント（既存の体制派、または伝統的主流派）を代表する人物の一人といえます。彼女が民主党の指名選挙をオズワルド・サンダース候補と激しく争っていたときには、サンダース氏を支持する若者たちから、クリントン財団がウォール街からの多額の資金援助で支えられている事実を指摘され、「ヒラリーはウォール街の代弁者」と激しく攻撃されました。このことは、当然本選挙戦においても、反エスタブリッシュメントを掲げ、既成の政治家とは違った風を吹き込むことを公約するトランプ氏に有利に働きました。森本は、さらにこう指摘します。

「トランプは反知性主義の大衆駆動力を最大限に利用しました。繰り返しになりますが、反知性主義は、単なる知性への反発ではなく、知性と権力との固定的な結びつきに対する反発です。その観点から見ると、彼の言動は、反ワシントンで反ウォールストリート、つまり現在の政治や経済の中枢にいるエスタブリッシュメントへのアンチテーゼという点で一貫しています」（『宗教国家アメリカのふしぎな論理』一〇一頁）。

4　福音派がなぜ共和党およびトランプ政権を支持するのか

ここまで「成功と富の福音」と「反知性主義」という点から論じてきました。しかしこれだけではなぜ福音派の多くの人々がトランプ氏を支持し、投票したかの説明としてまだ不十分です。ここで少しアメリカの歴史をさかのぼって、福音派と政治との関わりや大統領選挙での判断基準について取り上げます。

もともと福音派の人々は、一九六〇年代まで政治にはあまり関わりを持ってきませんでした。しかし一九七〇年代から八〇年代にかけ、福音派は政治や社会活動に積極的に参加するようになりました。その一つの要因として、一九七四年にスイスのローザンヌで開催された「第一回ローザンヌ世界宣教会議」が挙げられます。一九七〇年代に世界的に急成長した世界の福音派の指導者たちがスイスのローザンヌに集まり、今後の宣教について歴史的な会議を行いました。主催者はアメリカのみならず世界の福音派を代表するビリー・グラハムやイギリスのジョン・ストットであり、参加者は三七〇〇人で、一五〇以上の国の福音派を代表していました。

この会議の結果として、「ローザンヌ誓約」が採択されました。注目すべきは、その第五項の「キリスト者の社会的責任」です。そこにはキリスト者の使命（ミッション）として、狭い意味での伝道だけではなく、「われわれは、伝道と社会的政治的参与の両方が、ともにキリスト者の務めであることを表明する」と宣言されています（宇田進『福音主義キリスト教と福音派』いのちのことば社、一九八四年、二三〇頁）。こうした理念のもと、アメリカや世界各地で福音派は社会や政治問題に積極的に取り組んでいくようになりました。特に七〇年代に入ってカウンターカルチャーの影響もあり、アメリカ社会がどんどん世俗化し、国家や社会の基礎である伝統的な家庭やモラルが崩壊しているという強い危機感が福音派の間に生まれました。

カウンターカルチャー（対抗文化）とは、ある時代における社会の支配的・伝統的な文化に、敵対ないし反逆する文化を指します。特にアメリカにおいては、一九六〇年代から七〇年代にかけて顕著に見られました。黒人の差別問題を中心とする人種問題やフェミニズム運動、拡大するベトナム戦争への反対運動、公害問題の深刻化などを背景とし、それまでの支配体制への異議申し立てからくる運動でした。青年を中心に、政治的には新左翼と呼ばれる過激な学生運動、マリファナやＬＳＤなどのドラッグの流行、ロックミュージック、ヒッピー、神秘的な宗教の流行など様々な形で現れ、アメリカ社会を大きく揺さぶりました。

そうした時代の傾向に強い危機感をいだいた福音派の指導者たちの間に、このような風潮に抗し、本来の姿に再建しようという運動が起きてきました。その代表的な運動が、「モラル・マジョリティ」であり、その指導者がジェリー・ファルウェルでした。この運動の主張は以下のようになります。

世俗的人間中心主義への批判です。具体的な主張としては、最高裁によって禁じられた、公立学校での祈りの時間の復活、進化論と並んで「創造科学」を教えることの要求です。

伝統的な家庭を守ることで、プロ・ファミリー（Pro-family）と言われます。具体的には、人工妊娠中絶反対、男女同権法案（ＥＲＡ）反対、同性愛者の権利を認めることへの反対、家庭の教育に対する公権力の介入への反対を主張しました。

政治的には、アメリカ至上主義を掲げ、アメリカをはじめとする自由主義諸国をキリスト陣営、ソ連を中心とする共産主義陣営を反キリスト陣営とみなしました。共産主義の脅威に対抗するためには軍備の増強の支持や核兵器削減への反対を唱えました（油井義昭「アメリカのキリスト教原理主義・福音主義についての一考察」、『基督神学』18、二〇〇六年、一二七頁）。

彼らは、一九八〇年の大統領選挙において共和党のレーガン候補を支援し、その当選の大きな要因となりました。それ以降、親子二代にわたるブッシュ政権の誕生においても、福音派は大きな役割を果たしました。そして今回のトランプ政権誕生においても同様です。

特に福音派がその政策として重視することが、人工妊娠中絶反対であり、同性愛者同士の結婚反対です。前者については、妊娠した時から生命であり、それを人間の都合で中絶することは殺人行為であるというもので、「プロ・ライフ」と呼ばれています。それに対し、条件付きも含めて人工妊娠中絶を認める立場を「プロ・チョイス」と呼びます。当然福音派やカトリック教会は、人工妊娠中絶に反対するプロ・ライフ派であり、共和党が伝統的にこの立場を支持しています。その一方で、プロテスタント主流派や民主党支持者の大多数はプロ・チョイス派です。

一九七三年にアメリカの連邦最高裁は、「妊娠三か月以内の妊娠は、担当医が承認すれば妊娠中絶手術を受けることができる。各州政府はこれを禁止することはできない」という歴史的判決（ロー判決）を下しました。この判決に対し、福音派やカトリック教会は激しく反発し、連邦議会や各州議会で人工妊娠中絶を禁止する法案の採択のための運動を推進します。このようにアメリカにおいて、人工妊娠中絶問題は私的な事柄から大きな社会・政治問題に発展しています。

日本では考えられないことですが、アメリカの選挙、とりわけ大統領選挙においては、内政や外交問題だけでなく、その候補者がプロ・ライフ派かプロ・チョイス派かも大きな争点となり、投票行動を左右します。

候補者は選挙のたびごとに、自分がプロ・ライフかプロ・チョイスかの立場を明らかにしなければなりません。伝統的に民主党はプロ・チョイス派、共和党はプロ・ライフ派とされており、今回の選挙でもそれが争点の一つとなりました。八年間の民主党オバマ政権のもとでは、基本的にプロ・チョイス派や同性愛者の権利を認める立場にもとづく政策が行われてきました。オバマ大統領のシカゴでの勝利演説を読むと、人種や宗教の違いを超え、そして同性愛者も認め、彼らを含めたアメリカ合衆国の一致と団結を訴えています（『オバマ大統領就任演説』小坂恵理訳、ゴマブックス、二〇〇九年、四三頁）。

ですからオバマ大統領は、その第一期目の就任直後に大統領令に署名し、それまでの共和党ブッシュ政権下における人口妊娠中絶に関する政策を変更しました。すなわち中絶を支援する内外の団体への連邦予算の支出制限を取り消す大統領命令です。こうしたオバマ政権の政策が八年間続きました。

福音派の大多数はこうしたオバマ政権の政策に反対し、強い危機感を感じていました。大統領選挙において、ヒラリー・クリントン候補は当然ながらこの点に関しては、プロ・チョイス派の立場でした。一方トランプ候補は、基本的にプロ・ライフ派の立場を打ち出しましたので、福音派はこの点からもトランプ候補を支持し、票を投じました。福音派のジャーナリストであるヤンシーは、この人工妊娠中絶問題が福音派が彼に投票した「鍵の争点（key issue）」であったとまで指摘しています（前掲ブログより）。

ですからトランプ氏は大統領就任後、直ちに国外で人工妊娠中絶を支援するＮＧＯ（非政府組織）に対する連邦政府の資金援助を禁止する大統領令に署名しています。そしてトランプ大統領の当選一年後に、中絶反対派の人々がトランプ大統領と会見し、改めてその政策維持の確認をしています。このようにアメリカでは、民主党と共和党との間で政権交代が行われると、こうした分野でまるでシーソーゲームのように政策変更が行われます。

同性婚の問題についても、プロ・ライフ、プロ・ファミリーの立場をとる福音派の人々は、聖書がこれを禁止しているとして、中絶反対と並んで反同性愛の運動を推進しました。アメリカで結婚を法的に管理しているのは、各州の憲法であり州議会です。二〇〇四年にマサチューセッツ州が、アメリカで初めて同性愛者の正式な結婚を合法的なものとして認めました。これ以降、カリフォルニア州をはじめ各州で同性婚を認める動きが強まっています。

こうした動きに強い危機感を感じた福音派は、合衆国憲法でこれを禁止する憲法修正案を共和党議員を通して推進しました。しかしこれは今まで二度にわたって廃案となり、今後も実現の見通しは立っていません。けれども、福音派を中心とする宗教右派と呼ばれる勢力は、州レベルで同性婚禁止の戦略を推進しています。この運動については、福音派だけでなく、カトリック教会もモルモン教会も支持しています。

なお最近のモルモン教会の姿勢は、キリスト教の保守派とされる福音派の立場に非常に近いと言えるでしょう。すなわち、家族、勤勉、禁酒、愛国心を重視し、人工妊娠中絶や同性愛、麻薬、ギャンブルに反対するという立場です。かつては一夫多妻を唱え、キリスト教の異端として、アメリカ社会で排斥されていた歴史がありますが、現在ではアメリカ社会で市民権を得、政治活動においてはおおむね共和党支持の立場をとっています。

二〇一二年の大統領選挙において、再選をめざしたオバマ大統領に対する共和党の大統領候補は、ミット・ロムニー氏でした。彼はモルモン教徒であり、その彼が共和党の大統領候補になったことは象徴的な出来事です。このとき、アメリカの福音派の代表的指導者であるビリー・グラハムとその息子のフランクリン・グラハムがロムニー候補を支持したことは、日本の福音派の人々に大きな違和感を与え、批判を招きました。なお二〇一六年の大統領選挙において、CNNの出口調査ではモルモン教徒の五六％がトランプ氏に投票したのに対し、クリントン氏に投票したのは二八％にとどまっています（『朝日新聞』二〇一八年三月八日号）。

5　トランプ政権の移民・難民政策・民族観

トランプ氏は大統領就任直後、まずイスラム教徒を中心とする移民・難民の入国禁止を命じる大統領令に署名しました。これが唐突だったため、多くの混乱を招き、連邦裁判所はこれを差し止めました。しかしその後もトランプ政権は、不法移民や難民に対する厳しい政策をとり続けています。民主党をはじめとする国民の多くの批判や懸念を受けながらも、公約であったメキシコ国境に壁を造るとする政策の実行をあきらめてはいません。二〇一八年度の連邦政府の予算では、この壁の建設費用として一六億ドルを獲得しました。

トランプ氏は選挙中、デトロイトの自動車産業に象徴される製造業などを中心に白人の失業者が増加する中で、メキシコからの不法移民や中南米からの移民が白人の職を奪い、犯罪を犯していると民衆の不安をしきりに煽《あお》りました。彼は、自分が大統領になったら、メキシコとの国境に壁を建設するとか、ムスリム難民や不法移民をアメリカから追放すると公約し、就任直後その一歩としてこうした施策を実行したわけです。

しかし前記のように、「ムスリム難民や不法移民がアメリカ社会を危険に陥れる」というのは、トランプ氏に限らず、共和党の大統領指名を争った候補たちの共通した主張でした。その中でも一番過激に声高にそれを主張したのがトランプ氏でした。『トランプが戦争を起こす日――悪夢は中東から始まる』（光文社、二〇一七年）という近著を出版した宮田律は、ユダヤ人をスケープゴートとして民衆の不安を巧みに利用して政権の座についたヒトラーの手法とトランプ氏の政策の共通点を指摘しています。ちなみに「スケープゴート」とは「いけにえの山羊」と訳される言葉で、本来それほど悪や脅威を及ぼしている存在ではないのに、人々の非難や憎悪を受けて追放される役目を担う存在を指します。歴史的に見ると、ローマ帝国時代のキリスト教をはじめ、しばしば見られる現象で、国家による統制を強化するためにその時代の権力者がよく用いる手段です。宮田はこう指摘します。

「ヒトラーが、第一次世界大戦の敗北で自信を失っていたドイツ国民に対して持ち出した思想が反ユダヤ主義だった。第一次世界大戦でドイツが敗北したのはユダヤ人に原因があると語り、ロシア革命を指導したボリシェヴィキにユダヤ人が多く、ユダヤ人が世界を征服しようとしているといったデマを流し続けた。そのことによって資本家や中間層の不安を煽ると同時にアーリア人の優秀性を説き、ユダヤ人を弾圧していったのである」（二六頁）。

そして宮田は、トランプ氏についてはこう指摘します。

「トランプは、アメリカが大国としての自信を失い、製造業などを中心に白人の失業者が増加する中で、移民が職を奪って犯罪を起こしていると民衆の不安を煽った。トランプが選挙期間中スケープゴートとしたのは、シリア難民、あるいはメキシコなどラテンアメリカからのヒスパニック系の不法移民だった。……トランプはムスリムによるテロの脅威を声高に訴え、銃規制に反対し、ムスリム移民がイギリスに押し寄せないようにしたイギリスのＥＵ離脱も支持している。

こうした、ムスリムをスケープゴートにすることで求心力を高めようとするトランプの手法は、ヒトラーが政権を掌握したプロセスと似通っているといえるだろう」（二一六～二一七頁）。

アメリカという国は、歴史的に移民国家であり、よく「人種のるつぼ」と言われます。しかし実際に国家としてのアメリカのキャスティングボードを握ってきたのは、絶対的に「白人のクリスチャン」たちであり、この構図は初の黒人大統領としてオバマ大統領が誕生しても基本的に変わらなかったと言えるでしょう。こうしたプロテスタント・キリスト教徒の国民性からすると、頻発するイスラム過激派によるテロを見るときに、どうしてもイスラム教徒の排斥に傾きがちです。ですから選挙戦当時も、その後の政策においてもトランプ大統領がイスラム教徒や不法移民に過激な排除の発言を繰り返してきたのは、自分の支持母体とも言うべき、白人のキリスト教徒、とりわけ福音派に向けたものであると言うことができます。トランプ大統領がこれからも反ムスリム、反移民・難民の政策を続けていくことが当然ながら考えられます。

こうした姿勢や手法は、彼の前に八年間政権を担当した初の黒人大統領であるオバマ民主党政権とは、実に対照的です。オバマ氏は二〇〇八年の大統領就任時、地元シカゴでの勝利演説で、アメリカの一致を力説しています。その中で、白人も黒人も、ラテン系もアジア系も、先住民もすべての民族出身者、すべてのアメリカ人がアメリカ合衆国の構成員であることを強調しています（『オバマ大統領就任演説』四三頁）。

それに対して白人至上主義と見られているトランプ政権のもとで、黒人やイスラム教徒・移民への差別事件・風潮が高まり、白人至上主義者（ＫＫＫ等）の存在とその活動が今までになく勢いづいていることが危惧されます。

さらに付け加えるならば、彼のこれまでの女性蔑視発言や不適切な行為がアメリカや海外の女性たちの反発を買い、その就任時や就任一周年の際、大規模な女性による反トランプ集会やデモ行進が行われたことは注目すべきことです。

ちなみに聖書は、多くの箇所において、未亡人・孤児そして在留外国人という、社会的に弱い人々、抑圧されている人々への支援を強く訴えています（旧約聖書・レビ記一九章三三〜三四節、申命記二四章一九〜二二節、ルツ記二章二節、新約聖書・ヤコブの手紙一章二七節等）。

6　トランプ政権の対イスラエル政策について

一九四八年のイスラエル共和国の建国以来、常にアメリカはイスラエルをあらゆる面で擁護・支持し、全面的に支援してきました。これは政権が共和党であれ、民主党であれ、変わりませんでした。ただオバマ政権のもとでは、入植地問題をめぐり、イスラエルのネタニヤフ政権との間でかなりの不協和音や摩擦が見られました。

すでにトランプ氏の大統領就任が決まっていた二〇一六年一二月末、国連安保理でイスラエルによる入植地建設を非難し、その拡大を停止することを求めた決議案が上程されました。このときイスラエルやトランプ次期大統領は、オバマ政権に対して拒否権を行使して、この決議案を無効にするように強く迫りました。しかしオバマ政権は、棄権という手段を選択し、実質的にこの決議案を認めました。

ところが翌年、トランプ政権はそれまでの対イスラエル政策を一八〇度転換し、今までで最も強力な親イスラエル政権となろうとしています。就任したばかりのトランプ大統領は、まず駐イスラエル大使にユダヤ系のフリードマンを任命しました。彼の父親はユダヤ教のラビであり、彼自身イスラエルによる入植地の拡大を強く支持してきた人物です。そして周知のように、トランプ大統領が信頼する娘婿のクシュナー上級顧問は熱心なユダヤ教徒であり、対イスラエル政策に大きな影響力を発揮しています。また彼の妻で、トランプ大統領の政策の実行に無視できない影響力を発揮しているイヴァンカ大統領補佐官もユダヤ教に改宗しています。そして在米ユダヤ人の大富豪が、トランプ大統領に多額の政治献金をしていることが知られています。また彼の政権の補佐官や閣僚の中には、親イスラエルの立場をとる人物が少なくありません。特に副大統領に就任したペンス氏は、以前からイスラエルをしばしば訪問し、支援を惜しまなかった親イスラエルの立場です。

トランプ大統領は二〇一七年一二月、それまでタブー扱いであり、歴代の政権が留保していたイスラエル問題に大きく踏み出します。彼は、エルサレムがイスラエル共和国の正式な首都であり、テルアビブにあるアメリカ大使館をエルサレムに移転することを宣言しました。このことは、彼が選挙戦の間にしばしば口にしていたことでした。彼としては、当然ながら支持者への公約を果たしたわけです。

予想されたとおり、パレスチナ側は激しく反発し、イスラエルとパレスチナの間で流血事件が起きています。そしてアラブ諸国はもちろん、英仏独をはじめEU諸国からも非難や批判が相次いでいます。このアメリカの処置を無効とする決議案が審議された国連安保理では、アメリカを除くほかの一四か国の理事国（日本も含む）が賛成しましたが、アメリカは拒否権を行使してこれを葬りました。さらに首都認定の撤回を求める決議案が上程された国連総会においても、アメリカの対外的孤立はいっそう鮮明となりました。

それにもかかわらず、今年に入り、トランプ政権は五月にテルアビブにあるアメリカ大使館をエルサレムに移転する計画を実行しようとしています。あえてこの時を選んだのは、この年にイスラエルが建国七〇周年を祝うことに合わせたものであり、このときトランプ大統領自らイスラエルを訪問することを表明しています。これはイスラエルとパレスチナおよびアラブ諸国との対立関係に火に油を注ぐものとなることは明らかです。

なぜトランプ政権は世界の大多数の非難を受けながらも、こうした政策をあえてとるのでしょうか。まず言えることとは、国際協調よりアメリカ・ファーストを掲げるトランプ政権の基本姿勢に起因するということです。そしてこの政策は、彼が選挙戦の時にその支持者である福音派をはじめとする宗教右派に公約し、強く支持されていたものでした。とにかく一一月の中間選挙を控え、支持者への公約の実現を果たす、そのことが第一の要因であることは間違いありません。ちなみに、二〇一八年一月の「ピュー・リサーチ・センター」の調査によれば、共和党の支持者の約八割が「親イスラエル」であるのに対し、民主党支持者では約三割にも満たないことが示されています（『朝日新聞』二〇一八年三月八日号）。

次に、こうした彼のイスラエル政策に対する公約の強固な支持者として、福音派およびクリスチャン・シオニストとイスラエル・ロビーについて紹介します。

す。

(1) 福音派の対イスラエル支持政策

『エヴァンジェリカルズ――アメリカ外交を動かすキリスト教福音主義』では、その第五章が「福音派とアメリカの外交政策」となっており、考察がなされています。その中では、まず次のように指摘されています。

「アメリカの福音派が関心を持つ多くの国際問題の中で、ユダヤ人の幸福とイスラエルの安全保障ほど重要なものはほとんどない。福音派がこのユダヤ人国家の問題に精力的に取り組んでいることは、世論調査でも繰り返し示されている。……驚くべきことに、世論調査では、ユダヤ人以外で福音派ほどイスラエルに親近感を持つグループはほかに見当たらない」（一三四頁）。

福音派の人々がこうした親近感を持ち、イスラエルを強力に支持する理由としては、やはり彼らの宗教的信念からくることが挙げられます。とにかくアメリカの福音派の多くの人々が、イスラエルを無条件に支持するその理由としては、まず第一にパレスチナがユダヤ教とキリスト教の発祥の地であり、共通の「聖地」にほかならないことを、著者のアムスタッツは強調しています（一三四〜一三五頁）。

神の永遠の約束の地である「エレッ・イスラエル（イスラエルの土地）」は、今日に至るまでイスラエルの民に所有権があるというのが、福音派を含む宗教右派のクリスチャンの主張であり、一九四八年のイスラエルの建国も聖書の預言が実現したものと解釈します。ですから、イスラエルが建国後に占領地を拡大したことも、占領ではなく、本来自分たちのものであった土地を解放したと考えます（『神の国アメリカの論理

――宗教右派によるイスラエル支援、中絶・同性婚の否認』七四頁)。

六六巻の聖書を誤りなき神の言葉と信ずる福音派にとって、その解釈の根拠となる聖書の約束は、創世記等で繰り返し語られています。すなわちイスラエル民族の父祖であるアブラハムに与えられた神の言葉です。

「わたしは、あなたが見渡しているこの地をすべて、あなたに、そしてあなたの子孫に永久に与えるからだ。わたしは、あなたの子孫を地のちりのように増やす。もし人が、地のちりを数えることができるなら、あなたの子孫を数えることができる。立って、この地を縦と横に歩き回りなさい。わたしがあなたに与えるのだから」(旧約聖書・創世記一三章一五~一七節)。

「この地」とは、神に約束された「カナンの地」であり、現在のパレスチナを指します。この約束は、彼だけではなく、その子イサクや孫のヤコブやその子孫にも繰り返し与えられています(同二六章二~五節、二八章一三~一五節、旧約聖書・出エジプト記六章八節等)。

さらに福音派の中には、終末論という信仰的な理由から、イスラエルを支持する者も少なくありません。彼らの聖書解釈によれば、キリストが再臨するこの世の終末の時に、約束の地に復帰したユダヤ人が重要な役割を果たすことになっています。イスラエル共和国による「ダビデ王国の復興」は、イエス・キリストが再臨するためには絶対欠かせない条件であり、神はイスラエルを擁護する者を善とされ、祝福される、と彼らは主張します(油井義昭「アメリカのキリスト教原理主義・福音主義についての一考察」、『基督神学』18、一三四頁)。

言い換えれば、アメリカの親イスラエル外交の背後に、独特な終末論を持った福音派や根本主義者の信仰的信念に基づく、強い支持があるということです。多くの福音派の人々は、終末論に関して「前千年王国」の立場に固執します。現在もアメリカでは、終末論において前千年王国再臨説を支持する人々が大多数です。前千年王国再臨説とは、世界の終末においてキリストが再臨した後に、再臨のキリストと復活したキリスト者たちが一〇〇〇年間王国を治めるという解釈です。この解釈の根拠となっているのが、新約聖書・ヨハネの黙示録の二〇章四～六節です。

この解釈と結びつくのが、「ディスペンセイショナリズム（天啓的歴史観）」と呼ばれる聖書解釈の立場です。この聖書解釈は、一九世紀の前半にイギリスでプリマス・ブレズレンの運動を始めたＮ・ダービーによって提唱されました。このディスペンセイショナリズムと前千年王国主義を自分の伝道活動と積極的に結びつけたのが、有名な大衆伝道者のＤ・Ｌ・ムーディでした。すなわち前千年王国主義を強調することが、この世への厭世観と再臨の切迫感とに結びつき、福音伝道に非常に効果的であったからです。

このディスペンセイショナリズムがアメリカのプロテスタント教会に広く影響を及ぼすうえで、Ｃ・スコフィールドの引照付聖書の発行が果たした役割を見過ごすことはできません。彼が一九〇九年に発行した『スコフィールド引照付聖書』は、ディスペンセイショナリズムと前千年王国の聖書解釈に立つ注釈付きの聖書であり、一〇年間で二〇〇万部を売り上げる一大ベストセラーになり、アメリカにおいてディスペンセイション主義の進展に大きく貢献しました。

ディスペンセイショナリズムの立場は、天地創造以来の人間の歴史を七つに区分します。最後の七番目の「御国の時代（キリスト統治時代）」に、再臨のキリストが再び地上に登場し、正しいさばきを行った後に回復されたイスラエルと地上の諸国を一〇〇〇年間治めるというものです。パレスチナに存在するイスラエルがやはりこの予言の実現に不可欠であるとされます。

そしてこの千年王国の後に、神の陣営と悪の陣営による世界最終戦争とされる「ハルマゲドンの戦い」の舞台がイスラエルを含む中東で起き、最終的な神の陣営の勝利が約束されています。「ハルマゲドン（ヘブル語で『メギドの丘』）」という言葉は、ヨハネの黙示録の一六章一六節に登場します。メギドの丘は、その地理的な条件から古来戦場の代名詞のように登場し、その結びつきから、ハルマゲドンという言葉が、神と悪魔の終局的戦闘および神の側の究極の勝利を描く象徴とされています。

しかし、こうしたディスペンセイショナリズムの立場から、イスラエルを強固に支持する福音派の人々は、必ずしも多数ではありません。ただ、そうした立場に沿って出版された書物がベストセラーになったことからみると、それなりにアメリカ国民に影響力があることが推測されます。その一つが、ハル・リンゼイによる『地球最後の日』です。彼はこの本の中で、イスラエル国家の建設こそ現在および未来のすべての出来事の出発点になっているとしています。そのユダヤ人国家が現実に成立した以上、ありとあらゆる聖書の預言が関連性を持ち、実現に向かう秒読み段階に入ったことになると主張します。（『地球最後の日』は、一九八二年に、いのちのことば社から出版されましたが、その後、絶版となりました。本文中の引用は、『核戦争を待望する人びと——聖書根本主義潜入記』〔グレース・ハルセル、越智道雄訳、朝日新聞社、一九八九年〕の四五～四六頁より引用しました。）

やはりディスペンセイショナリズムの立場で書かれた本が、ティム・ラヘイとジェリー・ジェンキンス著の『レフトビハインド』シリーズです（いのちのことば社刊）。近未来小説ともいうべきこのシリーズは、一九九五年に発売以来、最終巻の一二巻まで全米で六五〇〇万部を超える一大ベストセラーとなっており、アメリカで映画化もされました。この本の神学的立場は、ディスペンセイショナリズムに立った、千年期前再臨・患難期前携挙という終末論的立場です。患難期前携挙とは、キリスト者は大いなる患難期の直前に再臨のキリストと空中に一挙に引き上げられ（携挙という）、救い出されるという立場です。この携挙が実現するための条件づくりが、イスラエル支援に結びつくということになります。

とにかくこの著者たちの終末論は、結論的にパレスチナにおけるイスラエル国家とそのなすところへの無条件の支持につながっていきます。著者のティム・ラヘイは、アメリカにおける宗教右派の指導者の一人としてよく知られています。

次に紹介するのが、この福音派と結びつきの強いクリスチャン・シオニストと呼ばれる人々です。

(2)　クリスチャン・シオニスト

クリスチャン・シオニストとは、イスラエルを支援し、その国益を擁護することがキリスト者の信仰的義務であるとする人々です。彼らはそうすることがキリストの再臨を早めることになると考えており、福音派の代表的なリーダーたちがその立場に立っています。

モラル・マジョリティを主導したジェリー・ファルウェルはその中心的な人物であり、彼はしばしば同調者のツアーを率いてイスラエルを訪問し、イスラエル支援に多額の献金をしています。その功績により、イスラエル政府から勲章や飛行機を授与されているほどです。

ファルウェルの没後は、ジョン・ヘイギーという牧師が中心となっています。彼は、テキサス州アントニオのコーナーストーン教会の牧師をしています。彼は様々な聖書箇所を自己流に解釈し、イスラム教を批判し、神の選ばれた民の住むイスラエルを無条件で支援します。彼が二〇〇六年に立ち上げた福音派の団体である「イスラエルのためのキリスト教徒連合（CUFI）」は、現在四〇〇万人のメンバーを擁する、強力なイスラエル支持団体に成長し、影響力を持っています。この団体はアメリカ各地で、「イスラエルに敬意を払う夕べ」を開催し、キリスト者、とりわけ福音派の人々にイスラエル支持を呼びかけ、連邦議会に対するロビー活動を通してイスラエル支援を訴えています（『神の国アメリカの論理――宗教右派によるイスラエル支援、中絶・同性婚の否認』五二～六八頁）。

とにかくクリスチャン・シオニストは、イスラエルの国益を守り、キリスト聖誕のころのようにパレスチナにユダヤ人が居住できるようになることがキリストの再臨を早めることになると考えています。

二〇一四年のアメリカのシンクタンクであるピュー研究所（ピュー・リサーチ・センター）は、アメリカの白人の福音派の六三％がクリスチャン・シオニストであると見積もっています（『トランプが戦争を起こす日――悪夢は中東から始まる』一一八頁）。

別のクリスチャン・シオニストの団体「国民に正義を訴える」の代表であるローリー・ムーアは、トランプ氏の勝利は福音派がもたらしたものと主張し、トランプ政権がアメリカの歴代政権の中で最も親イスラエル的になることを予想しましたが、それは一億人近い福音派の票のおかげであると述べました（同書、三〇頁）。

このように福音派の多くの人々が中東問題については、クリスチャン・シオニズムの立場をとり、イスラエルに絶対的と言ってよいほどの支持を与えています。トランプ大統領の強硬な対イスラエル政策は、こうした福音派およびクリスチャン・シオニストによって支えられています。

なおモルモン教の教祖であるジョセフ・スミスは一八三〇年代にユダヤ人のシオンの丘への帰還を主張しており、モルモン教がアメリカにおけるクリスチャン・シオニストの最初の団体であったとされています。モルモン教の聖歌隊が歌う最もポピュラーな聖歌が「エルサレムに生きて」というものですが、これはイスラエルの国歌である「ハティクバ」から始まるものです（同書、二〇頁）。

(3)　イスラエル・ロビーの存在とその役割

アメリカの中東外交において、絶大な影響力を持っているのがイスラエル・ロビーの存在とその活動であることはよく知られています。イスラエル・ロビーというのは、主として在米のユダヤ人からなり、イスラエル共和国の利益を最優先させることをめざす圧力団体です。アメリカのユダヤ人人口は二〇一五年現在で、およそ七一六万人で総人口の二・五パーセントにすぎませんが、投票率が高く、豊富な資金力を持っていることが知られています。ですから、このイスラエル・ロビーを敵に回すと、政治家たちは選挙での当選が困難になると言われています。したがってアメリカの中東政策、特に対イスラエル政策はイスラエル・ロビーを無視しては成り立たないとされています（同書、二九頁）。

特にこうしたユダヤ系ロビー団体の中で、アメリカの政界に強い影響力を持つのが、「米国・イスラエル公共問題委員会（ＡＩＰＡＣ）」という団体です。二〇一八年の三月にイスラエルのネタニヤフ首相は訪米し、トランプ大統領と会談を行いました。この際、トランプ大統領は五月にエルサレム大使館のエルサレム移転を改めて確認し、その際自らのエルサレム訪問を検討していることを表明しました。これに対し、ネタニヤフ首相は大歓迎し、両者は両国の関係が史上最強となっていることをアピールしています。

ネタニヤフ首相が訪米した直接の目的は、このイスラエル・ロビーのＡＩＰＡＣの年次総会に出席することでした。この総会に来賓として出席したのがペンス副大統領で、彼はその席上「イスラエルの大義はわれわれの大義。イスラエルの戦いはわれわれの戦いだ」と訴え、約一八〇〇〇人の参加者を熱狂させました。この総会に、ユダヤ人だけでなく、福音派の関係者も多数参加していました（『朝日新聞』二〇一八年三月八日号）。

トランプ氏の大統領選挙において、ユダヤ人の大富豪からの莫大な献金があったことが知られており、こうしたことも彼の親イスラエル政策を後押ししています。

(4) この項のまとめ

『エヴァンジェリカルズ――アメリカ外交を動かすキリスト教福音主義』では、結論的にアメリカがイスラエルを支持する理由について、次のようにまとめられています。

「最後に、アメリカがイスラエルに共感するのは、多くの安全保障上の問題を共有しているからである。……イスラム過激派からの絶え間ないテロの脅威が、アメリカの諜報機関とイスラエルの安全保障機関の協力をいっそう密なものにしたのである。……イスラエルの敵は、たいていの場合、アメリカの敵でもあるようだ」（一五三、一五五頁）。

アメリカは国連安保理で、イスラエル非難決議が提出されるたびに拒否か棄権に回るという対応をしてきました。アメリカは安保理の中で最も多くの拒否権を行使してきた国ですが、そのほとんどがイスラエル非難に関するものです。

ですから今回の安保理でのイスラエル非難決議にアメリカが拒否権を行使して葬ったのは当然と言えるでしょう。二〇一八年五月にアメリカ大使館をエルサレムに移転することを宣言したトランプ政権は、戦後のアメリカの政権としては最も親イスラエル政策をこれからもとり続けることが予想されます。そうなれば、収拾のつかない対立と衝突が起きることは必至です。

7　私たちはトランプ政権とどう向き合うか

私は一人の日本人キリスト者として、またアメリカのキリスト教史を学んできた者として、トランプ政権の成立とその政策や政治手法に大きな危惧と懸念を持つものです。

今までのアメリカは、確かに歴代の大統領がだれであろうが、民主党政権であろうが共和党政権であろうが、一応アメリカが世界をリードすべき国であるという自覚や矜持《きょうじ》を持っていたと考えてよいでしょう。もちろん、その大前提としては、アメリカの国益を常に第一にしてきたことは言うまでもありません。そしてそれは、日本をはじめすべて国家の指導者が、自分たちの国益を第一にして内外の政策を追求するものと同様です。

そもそもアメリカという国は、建国以来自分たちの国は神から選ばれた特別な国であるという自負と使命感を持っていました。ですから、自分たちは正しく、善なる存在であり、自分たちに歯向かう者を悪とみなします。相手が悪ですから、政治的・経済的に制裁を加え、それでも従わない場合は武力攻撃も許されるというやり方をほとんどの場合にとってきました。

しかし歴代のアメリカの大統領の中で突出して、「アメリカ・ファースト」を声高に叫ぶトランプ大統領は、自分に逆らい、盾つく存在を力ずくで支配したり、排除したりすること以外に、世界の超大国のリーダーとしての矜持や自覚、アメリカの将来に対する明確な展望を持っているとはとうてい考えられません。

近著『もの言えぬ時代――戦争・アメリカ・共謀罪』（朝日新聞出版、二〇一七年）において、内田樹は実にストレートにこう言い切っています。

「これからもアメリカは引き続き他国に命令や要求をするかもしれませんが、世界のあるべき理想について語ることはもうないでしょう。ただ、『オレはこうしたい。オレに協力しろ。オレに従えばそれなりのほうびを与えるが、しなければ処罰する』というシンプルな定型文を他国に突き付けるだけになる」（二二一〜二二三頁）。

昨年（二〇一七年）の一一月に、日米関係史についてのすぐれた歴史家であるジョン・ダワーが『アメリカ　暴力の世紀――第二次大戦以降の戦争とテロ』（邦訳、田中利幸訳、岩波書店、二〇一七年）という本を出版しました。彼はその日本語版への序文の中で、トランプ氏の大統領としての資質や見識を厳しく問いただし、その政策についてこう鋭く指摘しています。

「(トランプ氏は) アメリカ合衆国がこれまで防衛してきたと主張する価値観には全く関心がない。そうした価値観とは、民主主義、規則に則った世界秩序、国際条約の重要性、人権ならびに市民権の擁護、最適な多国間協力という理想などである。『社会正義』というのは、彼の政治用語においては軽蔑すべき言葉なのである。『国際主義』も同じように扱われている」(viii頁)。

そうしたトランプ氏がその任期中に、「国内の政治的困難に応じるために、海外に攻撃先を求めていくということを想定することは不当なことではない」(歴史家や政治学者にとっては、国内問題から注意をそらすために海外で事件を起こすというのは、『安全弁』方策という名称でよく知られているやり方である) と指摘しています (同書、ix頁)。すなわち、戦争という最悪のシナリオを想定しています。

さらに注目すべきは、これがトランプ氏という特異な存在にとどまるものではないというダワーの指摘です。

「現在の我々にとって極めて危険なことは、トランプ個人ではなく、むしろ彼を世界の全般的状況のバロメーターとしてみることができるという事実である。トランプの不寛容性と『アメリカ・ファースト』の愛国主義は、国際主義の拒否と、世界的に見られる民族間、宗教間の憎悪、愛国主義的な憎悪と完全にマッチしているのである」(ix頁)。

ダワーはこの本の帯封の言葉に、「トランプはアメリカであり、アメリカは私たちである」というきわめて強烈な言葉を掲げています。私は、こうした指摘に大いに共鳴するものです。

このダワーの著書と同じ年の二〇一七年六月に、ヨハン・ガルトゥングの新著『日本人のための平和論』（邦訳、御立英史訳、ダイヤモンド社、二〇一七年）が緊急出版されました。彼は「平和学の父」として知られるノルウェーの社会学者です。彼は多くの国際的紛争の解決に尽力してきた経験をもとに、この本の中で、日本がアメリカ依存の外交政策から脱却することを提言しています。

彼はまず「はじめに」の部分で、次のように指摘しています。

「日本を苦しめている問題の根本原因は何か。そうたずねられれば、まず米国への従属という事実を挙げなくてはならない。近隣諸国とのあいだで高まる緊張はその帰結である」（一頁）。

彼は、さらに本文の中でそれを展開しています。

「いま日本は、近隣諸国との領土問題、歴史認識問題、沖縄の基地問題、集団的自衛権の問題、自衛隊の海外派遣問題など、さまざまな問題を抱えている。それらすべての背景に、米国の世界戦略と日本の対米追従がある。

ところが、日本はますますその対米追従の方向に進もうとしている」（一一五頁）。

そして彼はこう警告します。

「米国追従を続けるなら、残念だが、いつか日本もさまざまなテロに見舞われることになる」（一八三頁）。

現実には、戦後続いてきた日米安保体制を一挙に変えることは非常に困難ではあります。しかし私たちは置かれたところと立場で、アメリカのトランプ政権とそれに追随する安倍政権に対し、はっきりと自分たちの批判や疑問の声を挙げ続け、選挙においてその声を実現へと至らせていきたいと思います。

二〇〇三年三月、アメリカの福音派を代表するＮＡＥ（アメリカ福音同盟）は共和党のブッシュ政権が進めた対イラク戦争を賛成・支持しました。しかし日本の福音派を代表する日本福音同盟とアジアの福音派を代表するアジア福音同盟は、このイラク戦争に反対する声明を出しました。特に日本福音同盟は、開戦前と開戦後に社会委員長の名前で、ブッシュ大統領に対して戦争反対の声明を送っています。

トランプ大統領の登場後、その内外の政策に対して、疑問や批判を覚えている日本のキリスト者や一般国民の人々は非常に多いと思われます。そうした反対の声をキリスト教界の内外において何とか結集し、アメリカ国民に届けていきたいと思います。そして、厳しい分断と対立で揺れ動くアメリカ社会の回復と和解のために、共に祈りたいと願います。

参考文献

森本あんり『反知性主義――アメリカが生んだ『熱病』の正体』新潮選書、二〇一五年
森本あんり『宗教国家アメリカのふしぎな論理』NHK新書、二〇一七年
ジョン・ダワー『アメリカ　暴力の世紀――第二次大戦後の戦争とテロ』田中利幸訳、岩波書店、二〇一七年
上坂昇『神の国アメリカの論理――宗教右派によるイスラエル支援、中絶・同性婚の否認』明石書店、二〇〇八年
青木保憲『アメリカ福音派の歴史――聖書信仰にみるアメリカ人のアイデンティティ』明石書店、二〇一二年
大宮有博『アメリカのキリスト教がわかる――ピューリタンからブッシュまで』キリスト新聞社、二〇〇六年
マーク・R・アムスタッツ『エヴァンジェリカルズ――アメリカ外交を動かすキリスト教福音主義』加藤万里子訳、太田出版、二〇一四年
油井義昭「アメリカのキリスト教原理主義・福音主義についての一考察」、『基督神学』18、二〇〇六年
孫崎享『二一世紀の戦争と平和――きみが知るべき日米関係の真実』徳間書店、二〇一六年
森孝一『宗教からよむ「アメリカ」』講談社、一九九六年
グレース・ハルセル『核戦争を待望する人びと――聖書根本主義派潜入記』越智道雄訳、朝日新聞社、一九八九年

武田知弘『ヒトラーとトランプ』祥伝社、二〇一七年
金成隆一『ルポ　トランプ王国――もう一つのアメリカを行く』岩波書店、二〇一七年
宮田律『トランプが戦争を起こす日――悪夢は中東から始まる』光文社、二〇一七年
ヨハン・ガルトゥング『日本人のための平和論』御立英史訳、ダイヤモンド社、二〇一七年
内田樹、加藤陽子、三浦瑠麗『もの言えぬ時代――戦争・アメリカ・共謀罪』朝日新聞出版、二〇一七年
『丸ごと一冊トランプ』（「ニューズウィーク日本版」）CCCメディアハウス、二〇一八年二月二六日
ノーマン・V・ピール『〔新訳〕積極的考え方の力――成功と幸福を手にする一七の原則』月沢李歌子訳、ダイヤモンド社、二〇一二年
『オバマ大統領就任演説』小坂恵理訳、ゴマブックス、二〇〇九年
マイケル・ウォルフ『炎と怒り――トランプ政権の内幕』関根光宏、藤田美菜子他訳、早川書房、二〇一八年
Philip Yancey, *Election Reflection*（二〇一七年一月のブログ）
『世界』岩波書店、二〇一七年一月号

第三部　平和についてのメッセージ

1 「平和の君であるイエス・キリスト」（新約聖書・マルコの福音書一一章一〜一一節）

今日はこの箇所から、イエス・キリストが「平和の君」としてこの地上に来たということを学びたいと思います。この聖書箇所は、イエス・キリストのエルサレム入城と呼ばれる場面です。受難週の始まりの日曜日に、イエス・キリストは、大歓迎する群衆の前をロバの子に乗って、エルサレムに入って行きました。そしてその週の木曜日にユダヤ教の指導者たちによって捕らえられ、徹夜の裁判の後に総督ピラトによって十字架刑を宣告され、金曜日に十字架で処刑されました。この箇所から三つのことをごいっしょに学びたいと思います。

(1) 熱狂的に歓迎した群衆の心

まず一番目は、このときイエス・キリストを大歓迎したユダヤ人の群衆の心です。ちょうどこの時は、ユダヤ人にとって一番大切な祭りである、過越の祭りの最中でした。過越の祭りとは、指導者モーセに率いられたユダヤ人がエジプトを脱出したことを記念し、神に感謝する祭りです。今でもユダヤ人はイスラエル共和国内だけでなく、世界中でこの祭りを守っています。

このとき国内外に住む多くのユダヤ人が、この祭りを祝うために都のエルサレムに来ていました。その中の多くの人々が、たくさんの奇跡を行ったナザレの預言者として有名な人、イエスを大歓迎しました。ロバの子に乗ってエルサレムに入って来たイエス・キリストを、人々は自分たちの上着を道に敷き、木の葉を枝ごと切ってきて道に敷きつめ、大歓迎しました。新約聖書・ヨハネの福音書一二章一三節によると、この木の枝は、「なつめ椰子」であるとされています。ユダヤでは、なつめ椰子は「勝利」を象徴し、戦争に勝って引き揚げて来た王や凱旋将軍を国民が迎える時に歓迎して振るものとされました。

群衆は、マルコの福音書一一章九節では、「ホサナ。祝福あれ、主の御名によって来られる方に」と叫び、ヨハネの福音書一二章一三節ではこの言葉に、「イスラエルの王に」と加えています。「ホサナ」とは、ヘブル語で「どうぞ救ってください」という意味です。このとき群衆の多くは、もしかしてこの方こそ選民である自分たちを、ローマの支配から解放してくれる救い主すなわちメシアではないかと期待しました。いわば英雄のような、政治的メシア、地上のメシアとしてイエス・キリストを歓迎し、担ぎ上げようとしたのです。

このころのユダヤでは、自分たちがローマ人という異教徒の支配下にあることに不満を持ち、折あらば独立をめざして反旗を翻すことを願う人々が出てきていました。そうした立場の熱心党と呼ばれる人々もいたほどです。とにかくこのときの歓迎ぶりは、ユダヤ教の指導者であるパリサイ人が、「見てみなさい。何一つうまくいっていない。見なさい。世はこぞってあの人の後について行ってしまった」（ヨハネの福音書一二章一九節）と嘆くほどのものでした。

しかしわずかその数日後、イエス・キリストはユダヤの宗教指導者によって捕らえられ、裁判の結果、神殿冒瀆罪と宣告されます。その後、ローマ総督のもとで裁判を受けている際、ユダヤ人の指導者に扇動された群衆は、手のひらを返すように、イエス・キリストを十字架につけろと絶叫し、ついにその声が勝って、十字架刑が決定しました。

そのときの群衆の中には、エルサレム入城の際に「ホサナ、ホサナ」と大歓迎した人々もたくさんいたはずです。裁判の過程で、イエス・キリストの来た目的が自分たちの期待と全く違うことが明らかにされていきました。この人こそローマの圧政から自分たちを解放する英雄だと思い込んでいた彼らは、鞭打たれ、茨の冠をかぶらされたイエス・キリストの無力で惨めな姿を見たとき、打って変わって大声で、「十字架につけろ、十字架につけろ！」と叫び続けました。まさに「群集心理」という言葉のとおり、人間の心の変わりやすさと自己中心の姿をここに見ます。

現在アメリカやヨーロッパ、そして日本も含めて世界中で起きている現象を表す言葉に、「ポピュリズム（大衆迎合主義）」というものがあります。多くの場合、権力や指導的立場をめざす人々が、現状に不満や不安を持っている人々の心を煽《あお》り立て、自分の思う方向に人々の心と行動を操作することを指します。いつの時代にもこれは見られますが、特に現代はそれが世界中にあふれています。

世界的に権威のあるオックスフォード英語辞典が選んだ二〇一六年を象徴する「今年の単語」は、「Post-Truth（真実の後）」という言葉でした。世論を形成するうえで、客観的な事実よりも、感情や個人的な信念に訴えるものが影響力を持つことを意味します。二〇一六年、アメリカの大統領選挙では、事前の予想に反してトランプ候補が大統領に選ばれました。

なぜ彼が大統領に選ばれたかについて、日本のジャーナリストがこう指摘しています。

「大統領選挙では、候補者が多数派を形成する方法は大きく二つ考えられる。一つは理想の社会像を語り、支持を集める方法。もう一つは、共通の『敵』を作り上げ、敵意や憎悪を結集させる方法だ。トランプ氏は、最初から最後まで（仮想）敵を作り出すことで選挙戦の熱量を維持した」（金成隆一『ルポ　トランプ王国――もう一つのアメリカを行く』二二六～二二七頁）。

トランプ氏は、「不法移民やムスリム難民がアメリカ人の雇用を奪い、犯罪を犯し、社会に不安を巻き起こしている。自分が大統領になれば、メキシコとの国境に壁を造り、不法移民をアメリカから追い出し、アメリカ人の雇用を取り戻す」と豪語して、不満を持つ白人層の支持を集め、大統領に選ばれました。昔も今も、群集心理はあちこちで見られ、政治や社会を動かしています。

しかし私は、このエルサレム入城の際、もし自分がそこにいたとしたらどうしただろうかと考えてみました。きっと私も多くの群衆といっしょになって、「ホサナ、ホサナ」とイエス・キリストを大歓迎したと思います。そして、イエス・キリストの裁判の場にいて、惨めなイエス・キリストの姿を見たならば、きっと「十字架につけろ、十字架につけろ」と絶叫したでしょう。聖書に登場する群衆は、流されやすい私たち自身の姿ではないでしょうか。

しかし、イエス・キリストはこうした自己中心の人々のために十字架にかかり、その罪を背負いました。十字架の上で、「父よ。彼らをお赦しください。彼らは、自分が何をしているのかが分かっていないのです」ととりなしました。エルサレム入城は、この十字架への道の始まりでした。

まず最初は、この群衆の姿から、周りに流されやすい人間の自己中心の罪の姿を見ます。

⑵ ロバの子に乗るイエス・キリスト

二番目に私たちが目を留めたいのは、このエルサレム入城の際のイエス・キリストの姿です。エルサレム入城という、まさに晴れの舞台で、イエス・キリストはなんとロバの子に乗って、進んで行きました。祭りに集まった大群衆が大歓迎して迎えた一世一代のハイライトの場面で、きらびやかな馬車ではなく、借りてきたロバの子に乗って、ゆっくりと都のエルサレムに入って行きました。

ここで、なぜロバの子なのでしょうか。これは言うまでもなく、旧約聖書の預言の成就からきています。イエス・キリストは、その生涯において常に自分の判断ではなく、聖書すなわち旧約聖書の預言どおりに歩みました。旧約聖書のゼカリヤ書の九章九節にはこう記されています。

「娘シオンよ、大いに喜べ。
娘エルサレムよ、喜び叫べ。
見よ、あなたの王があなたのところに来る。
義なる者で、勝利を得、
柔和な者で、ろばに乗って。
雌ろばの子である、ろばに乗って。」

この預言をしたゼカリヤという預言者は、イエス・キリストより約五〇〇年前に活動した人です。すでにユダヤの国はバビロンによって滅ぼされ、人々は捕囚にあって異国の地で暮らしていました。そうした暗い状況の中で、救いをもたらす王がロバの子に乗ってエルサレムにやって来るという喜びの預言です。この預言どおりに、イエス・キリストはロバの子に乗ってエルサレムに入って行きました。

ロバという動物は、平和を象徴し、それに対して馬は戦いを象徴しています。ゼカリヤ書の九章一〇節に、「わたしは戦車をエフライムから、軍馬をエルサレムから絶えさせる。戦いの弓も絶たれる。彼は諸国の民に平和を告げ、その支配は海から海へ、大河から地の果てに至る」とあるように、イエス・キリストは英雄や征服者としてではなく、まさに「平和の君」として来たのでした。

しかし当時のイスラエルでは、戦いに用いられる馬に比べ、おもに荷物運びに用いられるロバは、一段価値が劣る動物とされていました。旧約聖書の出エジプト記によると、ロバはイスラエル人にとって、神へのささげ物にならない動物とされました。ですからロバの初子が生まれたときには、この代わりとして羊をささげることになっていました。もしそれができないときは、そのロバの子はその首を折って殺せと命じられているほどです（出エジプト記一三章一三節）。

さて、ロバを英語で何というか、皆さんご存じですか。「Ass」という言葉もありますが、一般的には「Donkey」という英語が使われています。この言葉を英和辞典で引くと、一番目は「ロバ」という訳語が出てきます。しかし二、三番目以降は「まぬけ」、「とんま」とか、「がんこ」という訳語が出てきます。あの人はロバのような人だというたとえは、たいてい良い意味では使われません。

ここで横道にそれますが、アメリカではなぜか民主党のシンボルマークがロバであり、一方、共和党は象です。
とにかく本来であれば、馬か馬車に乗って威風堂々と入城するような場面で、イエス・キリストはロバ、しかもロバの子に乗って進んで行きました。高いところから人々を見下ろし、人々に号令をかけるような支配者、権力者として来たのではありません。「おまえたち罪びとを救ってやるためにわたしは来たのだ！」と豪語するためではなく、へりくだり、人々に仕える「平和の君」として入城し、そして十字架への道へと進んで行きました。
新約聖書のピリピ人への手紙二章六〜八節には、イエス・キリストについてこう書かれています。

「キリストは、神の御姿であられるのに、
神としてのあり方を捨てられないとは考えず、
ご自分を空しくして、しもべの姿をとり、
人間と同じようになられました。
人としての姿をもって現れ、
自らを低くして、死にまで、
それも十字架の死にまで従われました。」

イエス・キリストは、人々の罪をさばくためではなく、赦すため、しもべとして、仕えるためにこの世に来ました。ロバの子に乗ったのは、その象徴です。

聖書によれば、イエス・キリストの三年数か月の公生涯の節目に、三種類の動物が登場します。まず一番目は、バプテスマのヨハネからヨルダン川で洗礼を受ける時です。多くの人々がユダヤ全国からやって来て、自分たちの罪を告白し、悔い改めの洗礼をヨハネから受けました。イエス・キリストは罪のない、神の御子ですから、洗礼を受ける必要はありませんでした。しかし、「このようにして正しいことをすべて実現することが、わたしたちにはふさわしいのです」（新約聖書・マタイの福音書三章一五節）と語り、ヨハネから洗礼を受けました。

イエス・キリストが洗礼を受けて後、水から上がると、「天が開け、神の御霊が鳩のようにご自分の上に降って来られるのをご覧になった」と聖書は記しています。「鳩」はノアの洪水の時にも登場しますが、やはり「平和」を象徴する鳥です。イエス・キリストの役割が、「平和の君」であることを最初から示しています。

二番目は、いま学んだエルサレム入城の際に用いられた「ロバの子」です。やはり「平和の君」を表しています。

そして三番目は、十字架の死と結びつきます。イエス・キリストが十字架にかかった週は、ユダヤ人にとって大切な過越の祭りでした。このとき、ユダヤ人は出エジプトを記念し、感謝してそれぞれの家庭で羊を屠《ほふ》り、皆で食べました。ヨハネの福音書は、しばしばイエス・キリストを「見よ、世の罪を取り除く神の子羊」と人々に指示しています（一章二九、三六節）。羊は弱い、従順な動物として知られています。そしてイスラエルでは、神へのいけにえの代表的なささげ物でありました。

このように、イエス・キリストの公生涯の初めから終わりまで、登場する動物は、イエス・キリストを柔和な「平和の君」として示しています。ロバの子に乗って入城するイエス・キリストは、十字架を担い、私たちの罪を背負う救い主の姿です。

(3) この日の主役であるロバの子

最後に目を留めたいのは、この日の主役ともなったロバの子です。

イエス・キリストが、エルサレム入城という晴れの舞台で必要としたのは、早く走る馬ではありませんでした。ゆっくり進むロバですが、たくましい親のロバではなく、小さなロバの子でした。マルコの福音書一一章二〜三節を読むと、これはだれも乗ったことのないロバの子でした。そしてそのロバの子には、持ち主がいました。しかしイエス・キリストは、「主がお入り用なのです」と言って、連れて来るように弟子たちに命じ、そのとおりになりました。

日本語の訳ですとはっきり出てこないのですが、ギリシア語原文ですと、「彼の主（主人）がお入り用なのです」となり、このロバの子の本当の持ち主は、その村の実際の所有者ではなく、神の子であるイエス・キリスト自身であることを示しています。

いま私たちは、二一世紀の日本で生きています。戦後で数えると、七三年たちました。この間多くの日本人の中には、一つの信仰のような価値観があったと思います。それは、どんな分野であっても、人の上に立ち、多くのものを自分の手に獲得することこそ価値があり、人生の勝利であるという成功信仰です。そうしたなかで、最近の競争社会、格差社会の中で、「勝ち組、負け組」などという言葉が響きます。馬のように他の人をかき分けても、ときには蹴落としてでも、早くゴールに着く者が人生の勝利者であるという価値観です。

私は一九四九（昭和二四）年生まれの戦後世代ですが、私の青少年時代はちょうど日本の高度成長時代でした。頑張れば報いがある、努力すれば便利な電気製品やマイカーも夢ではないという価値観で、人々が勉強や仕事に励んだ世代です。

私が中学生のころの一九六四年、アジアで最初のオリンピックである東京オリンピックが開催され、日本中が沸き立ちました。日本の男子体操選手が金メダルを獲得したり、東洋の魔女と言われた日本の女子バレーチームが、宿敵ソ連を破って優勝したりしたときは、日本中が歓喜に包まれました。そのチームを率いた男性の監督がいつも口にしたのは、「なせばなる、俺についてこい」という言葉でした。東京オリンピックに合わせ、東海道新幹線が開通し、大量高速輸送時代が始まりました。そのころ流行《はや》ったテレビのコマーシャルが、「大きいことはいいことだ」というもので、重厚長大のものが価値あるものとしてもてはやされた時代です。

それから五十数年がたちました。日本は中国に抜かれましたが、依然国民総生産（ＧＤＰ）世界第三位の経済大国です。物があふれ、実に便利な時代に私たちは生きています。しかしそうしたなかで、幸福感や生きがいを持って生きている人が少ないのが現実です。そして社会の一番の土台となるべき家庭が至るところで崩壊し、互いに愛し合うべき夫婦・親子の間で虐待が増えてきています。

私たちはここで、聖書が示す価値観を見つめ直したいと思います。イエス・キリストは、受難週の始まりのエルサレム入城というこの大切な場面で、人の目から見て大きな価値あるものではなく、小さなものを大切なものとして目に留め、用いました。

神は私たち一人ひとりの人生を大切なものとして、この世に生まれさせてくださいました。旧約聖書のイザヤ書四三章四節に、「わたしの目には、あなたは高価で尊い。わたしはあなたを愛している」とあるとおりです。しかし私たちは、目に見えない神よりも、目に見える人を見ます。当然です。人と比べると、優越感や劣等感に揺さぶられます。

けれども神は私たちの人生を、他の人と置き換えられないものとして見てくださるということです。この聖書箇所で大事なことは、ロバの子が必要とされて声をかけられたとき、すぐ解き放たれ、イエス・キリストを乗せたことです。そのように自分の人生は自分の欲や利益のため、自分のものだという生き方ではなく、本当の主人である神のために用いてくださいと差し出すことです。

二〇一七年は、宗教改革五〇〇周年記念の年でした。宗教改革者マルティン・ルターは、聖職者だけでなく、すべての信徒がそれぞれ神からの召し（天職）を与えられているとして、「万人祭司」を強調しました。

確かに、私たち一人ひとりは本当に小さな存在です。日本では、キリスト者は一パーセント以下という少数者です。この世の圧倒的な力の前には、まさに小さなロバの子のような存在かもしれません。しかしそのロバの子が世界を変え、歴史を変える「平和の君」であるイエス・キリストを乗せるという大事な役割を担いました。

日本でも世界でも、争いや対立、分断があふれているなかで、私たちは置かれたところで、「平和をつくる者」（マタイの福音書五章九節）としてイエス・キリストに従って歩んで生きたいと思います。

2　「隔ての壁を打ち壊したイエス・キリスト」（新約聖書・エペソ人への手紙二章一一～一六節）

はじめに

今日はこの聖書箇所から、イエス・キリストが「隔ての壁を打ち壊し」、「私たちの平和」であることをいっしょに学びたいと思います。二章一一～一二節をお読みします。

「ですから、思い出してください。あなたがたはかつて、肉においては異邦人でした。人の手で肉に施された、いわゆる『割礼』を持つ人々からは、無割礼の者と呼ばれ、そのころは、キリストから遠く離れ、イスラエルの民から除外され、約束の契約については他国人で、この世にあって望みもなく、神もない者たちでした。」

使徒パウロによるこの手紙が宛てられた小アジアのエペソの信徒の多くは、神の選民のユダヤ人ではなく、いわゆる異邦人と呼ばれる人々でした。エペソは、世界の七不思議の一つと言われたアルテミスの神殿のおひざもとの都市であり、多くの人々がそれまで異教の生活を送っていました。

一一～一二節には、私たちがイエス・キリストによって救われる前の姿がそのまま描かれています。しかしエペソ人への手紙二章八節に、「この恵みのゆえに、あなたがたは信仰によって救われたのです。それはあなたがたから出たことではなく、神の賜物です」と宣言されているように、すべての人はただ信仰により、恵みによって救いを受けます。

ですから二章一九節に「こういうわけで、あなたがたは、もはや他国人でも寄留者でもなく、聖徒たちと同じ国の民であり、神の家族なのです」とあるように、クリスチャンは民族や言葉・文化が違っても、みなイエス・キリストにあって神の家族の一員なのです。

しかし現実には、この手紙が書かれた一世紀の中ごろ、エペソ教会だけでなく、多くの初期の教会の中で、ユダヤ人と異邦人の二つのグループがあり、この二つの間にはまだ「壁」がありました。

⑴ 隔ての壁

二章一四節に「隔ての壁」という言葉が出てきます。この言葉を聞くと、当時の多くの人々は、具体的な場所を思い浮かべます。当時のエルサレムの神殿の中にあった、ユダヤ人と異邦人を隔てる壁のことです。神殿の中で一番広いところが、だれでも自由に入れる「異邦人の庭」です。その異邦人の庭と、神の選民であるユダヤ人しか入れない「ユダヤ人の庭」との間には高い壁がしきりとなってそびえていました。そしてその壁には、「外国人はここから入るべからず。もしこれを破る者は、死をもって処罰されるべし」という警告が刻まれていました。まさに「隔ての壁」そのものです。

このように、昔も今も世界中で、民族、言葉、宗教、文化、肌の色などによる差別や対立の壁があります。そして考えてみると、遠くの民族同士ではなく、むしろ隣国同士や血縁的に近い民族同士の間に、こうした対立の壁が見られます。聖書の時代では、ユダヤ人と隣のサマリア人は犬猿の仲として登場します。ですからイエス・キリストが隣人愛の実践として「良きサマリア人」を語ったことは、当時のユダヤ人の常識を超えたことでした。

現代の世界を見渡すと、イスラエルとパレスチナ、ギリシアとトルコ、イングランドとスコットランド、アメリカとメキシコ、ロシアとウクライナの対立など、数え上げればきりがありません。ある統計によると、現在世界に存在する国境の「壁」のうち、何と七五パーセントが二〇〇〇年以降に建設されているそうです。

私は、奉仕のために極東ロシアのハバロフスクに二回行ったことがあります。主にロシア人の神学校や教会で奉仕をしたのですが、ある場面でロシア人とウクライナ人のクリスチャン同士の激しい対立の場面を目の当たりにし、大きな衝撃を受けました。私から見れば、同じスラブ語民族ですし、同じ国としての歴史も共有していますし、お互いクリスチャンの奉仕者同士でしたが、実に厳しいものでした。今この両国では、領土問題等で血で血を洗う衝突が続いています。

そして日本にとって最も身近な隣国である韓国とは、過去の植民地支配からくる歴史認識の違いが今なお両国の間の大きな対立の壁となっています。

皆さんご承知のように、二〇一六年にアメリカでトランプ政権が誕生しました。トランプ氏は、不法移民やムスリム難民を仮想敵として敵意を煽《あお》り、それを防ぐための壁の必要性を訴えて、多くの人々の支持を集め、当選しました。

そこまで極端でなくても、私たちの現実の社会では、しばしば自分と違うものを排除することによって、自らのアイデンティティーを確認し、お互いの結束を固めるということが見られます。民族や国家というレベルだけでなく、私たち自身もいろんなことで、他人との間に対立の壁を造ってしまうことがあるのではないでしょうか。考え方の違い、価値観や生活レベルやお互いの出身背景の違いなど、いろんなものが人との壁となりうるものです。そして当然ながら、めったに会わない遠くの人よりも、身近に接する人々との間で対立や壁が生まれ、様々な問題が起きてきます。

残念ながら、聖書を通し、愛と赦しを知り、語っている信仰者同士の間でもそれが起きてくることがあります。自分の聖書解釈や信仰体験を大切にすることは、とても素晴らしいことです。しかしそれをあたかも絶対化し、それと異なる他の人々を排除することで自分の正統性を主張することが、信仰の名のもとにしばしば見られるのではないでしょうか。

二〇一七年はプロテスタント宗教改革五〇〇周年の記念の年でした。ルターをはじめとする宗教改革者たちは、「聖書のみ」、「信仰のみ・恵みのみ」、「万人祭司」を高らかに宣言しました。聖書の解釈はローマ教皇や教会会議に支配されるものではなく、すべての信者に聖書解釈の権限を与えられているという理解になります。これは決して間違っていたわけではありません。しかしこの結果、それぞれの聖書解釈による対立・分派がどんどん生み出されました。

そしてそうした対立は、異なる宗教との関係において、さらに強い対立の壁を造り出していきます。『興亡の世界史』というシリーズに、こう書かれています。

「人は誰しもみずからがもつ信仰や価値観に誇りをもち、そこに生きる意義を見出そうとするであろう。それは、ときには自己の価値観の絶対化を促し、他者に対する配慮はおろか、他者に対する優越の感情を芽生えさせる。もしみずからの信仰や価値観に異なる要素を見出せば、それは正義にもとる悪魔や鬼畜とばかりに排除しようとする。こうした信仰や価値観に権力や富が伴えば、それは排他的エネルギーを伴った人間集団の形成となって歴史に登場することになる。人類史はまた戦争の歴史でもある。実態はともかく、宗教の違いを理由にした戦争も多い」(『人類はどこへ行くのか』森本公誠著、講談社、二〇〇九年、二二五〜二二六頁)。

この指摘のとおり、今起きている戦争や紛争は国家間、民族間の対立だけでなく、キリスト教とイスラム教、イスラム教とユダヤ教、イスラム教内部の宗派対立など宗教対立が伴っている場合が多く見られます。

(2) 壁ではなく架け橋となる

二章一四節から一六節をもう一度お読みします。

「実に、キリストこそ私たちの平和です。キリストは私たち二つのものを一つにし、ご自分の肉において、隔ての壁である敵意を打ち壊し、様々な規定から成る戒めの律法を廃棄されました。こうしてキリストは、この二つをご自分において新しい一人の人に造り上げて平和を実現し、二つのものを一つのからだとして、十字架によって神と和解させ、敵意を十字架によって滅ぼされました。」

ここでは、イエス・キリストの十字架の身代わりによって、二つの対立するものの間の壁が取り除かれたことが宣言されています。まず神と人との間の壁が打ち壊され、和解がなされました。神でありながら、自らを低くして地上に来たイエス・キリストの十字架の犠牲によって、神と人との間に架け橋がかかりました。

その土台の上に、私たちは人との架け橋を築くことができます。

私たちは、キリストの十字架を通して、自分が神から愛され、赦されていることがわかるときに、自分とは違う他の人を愛し、受け入れることができます。

私たちは「架け橋」という言葉を聞くと、国と国や民族と民族の外交や文化交流を担う、何か華やかな立場を考えがちです。しかし本来「橋」というものは、人から踏みつけられるために存在します。それが橋の役割です。イエス・キリストもその地上の生涯において、特に十字架において、まさに多くの人々から踏みつけられました。その犠牲の上に、神と人、人と人の和解と平和をつくりだしました。

対立と分断が渦巻く時代にあって、私たちは置かれたところで、イエス・キリストにならい、壁ではなく、架け橋を築く者として歩みたいと思います。

(3) 日韓の架け橋となった田内（尹《ユン》）千鶴子さんの歩み

最後に、このイエス・キリストにならって、日韓の架け橋となった一人の日本人の女性、田内千鶴子さんの紹介をしたいと思います。私は二〇一五年に、『日韓の架け橋となったキリスト者』（いのちのことば社）という本を出版し、日韓の架け橋となった日本人クリスチャン八人を取り上げました。その中で、この田内千鶴子さんを紹介しています。

彼女は、日本が韓国を植民地支配をしていた時代、父親の仕事により韓国の木浦《モクポ》に行きます。そして後に共生園《コンセンウォン》と呼ばれた孤児院を開設し、苦労しながら運営していた尹致浩《ユンチホ》と結婚し、共に孤児救済のために献身的に奉仕しました。貧しさや周りの無理解と闘いながら、彼らが養い、育てた孤児たちは三〇〇〇人に上ると言われています。

戦後韓国が独立したとき、親日派として尹夫妻は暴徒たちに襲われますが、園児たちが「僕らのお父さん、お母さんに手をつけるな」と夫妻を取り囲んで涙ながらに訴えたため、さすがの暴徒たちも引きあげたとのことです。

朝鮮戦争が起き、北の共産軍が侵入してきたとき、彼らはアメリカの宣教師が用意した船で脱出することもできました。しかし「孤児たちを置いて、自分たちだけが逃げるわけにはいかない。死んでも孤児たちとともに生きる」と踏みとどまりました。

その後、夫の尹致浩は混乱の中で行方不明となり、彼女はそれでも共生園を守り続けました。一九六三年長年の孤児救済の功績により、当時の朴正熙《パクチョンヒ》大統領から大韓民国文化勲章を受けます。チマ・チョゴリを着た彼女は、あくまでも謙遜に「これを受けるべきは、私の夫・尹致浩です。私は夫の代わりを務めただけです」と語りました。

一九六八年に彼女が木浦で召天したときは、初めての市民葬が行われ、約三万名の市民が参列し、一人の日本人女性の死を心から悼み、悲しみました。その様子を地元新聞は、「木浦は泣いた」と報じています。その後、彼女の生涯とその働きは、『愛の黙示録』という日韓共同の制作の映画となり、多くの人々に感動を与えました。木浦の共生園はその子や孫によって引き継がれ、今も良き働きをしています。

このように一人のか弱いとも言うべき女性が、イエス・キリストに従って歩んだときに、日韓の架け橋となりました。私たちは、彼女のように大きな働きはできないかもしれません。しかし、対立の壁を打ち壊し、架け橋となったイエス・キリストにならい、それぞれの置かれた家庭、職場・学校、地域社会で神と人との架け橋をめざして歩みたいと思います。

あとがき

本書の執筆を思い立ったのは、昨年（二〇一七年）の夏ごろのことでした。平和憲法を守る九条の会の仲間たちや他の人々とともに、強く反対運動をしてきた共謀罪法（テロ等組織犯罪処罰法）が六月、ついに国会で強行可決され、直後の七月に施行されました。

私は、この共謀罪法の内容や危険性について、その前後いくつかの集会で講演を依頼されました。そうした講演をもとにしてまとめたものが、本書の第一部をなしています。これは、二〇一六年に出版した拙著『揺れ動く時代におけるキリスト者の使命』の続編ともいうべきものです。

二〇一五年の安保法制の時は、反対運動が大きく盛り上がり、野党と市民団体が手を携えての国民的な運動となりました。しかし今回の共謀罪法の時は、必ずしもそのようなうねりとはならず、その後、秋の衆議院選挙で自公の与党政権が圧勝したことに大きな衝撃を受けました。このまま安倍政権の悲願の憲法改定に進むかと思われましたが、今年に入り、森友・加計問題が政権を大きく揺るがす不安定要因となり、憲法改定問題は先行き不透明となっています。

本書執筆のもう一つの動機は、アメリカにおけるトランプ政権の登場とその政策に、大きな危惧と懸念を持ったことです。アメリカのキリスト教の歴史を学んできた者として、あらためて関連する様々な書物や雑誌、新聞等を読みあさりました。私から見るならば、国内外にことごとく対立や分断を招く政策をとり続けるトランプ政権を、なぜアメリカの福音派や宗教右派の人々が支持し続けるのかということは大きな疑問でした。きっと、そうした報道に接する多くの日本の人々にとっても、そうだと思います。

そうした課題に取り組んだのが、本書の第二部です。今回あらためてアメリカのキリスト教史を考察し、まず自分自身にとっても貴重な学びの機会となりました。執筆にあたり、できるだけ掘り下げ、わかりやすくなるようにと願いながら書きおろしました。クリスチャンの皆さんだけではなく、一般の方々にも参考になれば大きな喜びです。

それにしても、執筆しながら、現実の内外の政情の変化の速度は想像を超えるものでした。今年の二月の平昌《ピョンチャン》オリンピックにおける南北交流から始まる南北融和ムードがどんどん高まり、四月二七日には久しぶりの南北首脳会談が板門店《パンムンジョム》で予定されています。

さらに驚くべきことは、史上初の米朝首脳会談が夏前に予定されていることです。もちろんこれで一挙に積年の対立や課題が氷解し、解決に向かうとは安易に期待はできません。成否は、五分五分という見方もできるかもしれません。私たちは、朝鮮半島の非核化という長年の悲願が達成される道筋がつくことを強く願いますが、まだまだ両当事者の思惑には不透明な部分があります。

本書が出るころには、朝鮮半島問題も、イスラエルの問題もすでに次の段階に動いていることと思われます。とにかく、分断や排除ではなく、対話への努力が続いている限り、軍事的衝突は起こらないと信じ、心から願うものです。

今回も出版にあたり、いのちのことば社の担当の方々に多大のご協力をいただきました。心からの感謝を申し上げます。

二〇一八年四月一五日

中村　敏

中村　敏（なかむら・さとし）

1949年、新潟県新発田市に生まれる。

岩手大学、聖書神学舎を卒業。米国トリニティ神学校大学院修了。1975年以来今日まで、牧会と神学教育に携わっている。

1989-2008年、日本伝道福音教団新潟聖書教会で牧会。

現在、新潟聖書学院院長。

著書に『揺れ動く時代におけるキリスト者の使命――日本はどこへ行き、私たちはどこに立つのか?』、『日本キリスト教宣教史――ザビエル以前から今日まで』、『日本における福音派の歴史――もう一つの日本キリスト教史』、『世界宣教の歴史――エルサレムから地の果てまで』『日本プロテスタント神学校史』『日韓の架け橋となったキリスト者――乗松雅休から澤正彦まで』（以上、いのちのことば社）、『日本プロテスタント海外宣教史――乗松雅休から現在まで』（新教出版社）などがある。

分断と排除の時代を生きる
——共謀罪成立後の日本、トランプ政権と
アメリカの福音派

2018年6月10日発行

著　者　中村　敏
印刷製本　モリモト印刷株式会社
発　行　いのちのことば社
〒164-0001 東京都中野区中野2-1-5
電話 03-5341-6922（編集）
03-5341-6920（営業）
FAX03-5341-6921
e-mail:support@wlpm.or.jp
http://www.wlpm.or.jp/

ISBN978-4-264-03913-6